novum 🔺 premium

Monika Günther-Aschenbrenner

KEIN SCHMERZENSGELD FÜR JULIUS CAESAR

Warum Patienten so viele Kunstfehlerprozesse führen und nur so selten gewinnen

novum premium

www.novumverlag.com

Bibliografische Information der Deutschen Nationalbibliothek:

Die Deutsche Nationalbibliothek verzeichnet diese Publikation in der Deutschen Nationalbibliografie. Detaillierte bibliografische Daten sind im Internet über http://www.d-nb.de abrufbar.

Alle Rechte der Verbreitung, auch durch Film, Funk und Fernsehen, fotomechanische Wiedergabe, Tonträger, elektronische Datenträger und auszugsweisen Nachdruck, sind vorbehalten.

© 2017 novum Verlag

ISBN 978-3-95840-576-9
Lektorat: Lucy Hase
Umschlagfotos: Kanvag, Arne9001, Jacek Wojnarowski | Dreamstime.com
Umschlaggestaltung, Layout & Satz: novum Verlag
Innenabbildungen:
siehe Bildquellennachweis S. 191

Gedruckt in der Europäischen Union auf umweltfreundlichem, chlor- und säurefrei gebleichtem Papier.

www.novumverlag.com

Inhaltsverzeichnis

Vorwort 9

1. Kapitel
Die Geschichte der Arzthaftung 13
Kunstfehler oder Behandlungsfehler? 16
Die Entwicklung seit dem Altertum 18
Die aktuelle Rechtslage in der Arzthaftung 48

2. Kapitel
Warum werden in Deutschland so
viele Arzthaftungsprozesse geführt? 50
Ärzte haben häufig zu wenig Zeit für
ihre Patienten – auf der Strecke bleibt die
Vertrauensbildung zwischen Patient und Arzt 57
Verharmlosung von Risiken und
Komplikationen beim Aufklärungsgespräch 65
Die Durchführung (noch) nicht
indizierter Operationen 66
Manche Ärzte scheuen das Gespräch mit
den Patienten, wenn ein Behandlungsfehler
im Raum steht 68
Der Maulkorb für Ärzte durch die
Krankenhausverwaltung bzw. Rechtsabteilung 70
Die Besprechung schwerer Komplikationen
ist ausnahmslos Chefsache 72
Arzthelferinnen und Pflegepersonal
sollten sich nicht einmischen 73
Verzögerte Herausgabe der Patientenunterlagen 75

Keine Zustimmung zur Begutachtung durch die Gutachterstelle der Landesärztekammer	77
Manche Ärzte äußern gegenüber ihren Patienten einen Behandlungsfehlerverdacht, wollen dies aber nicht offiziell bestätigen	78
Viele Ärzte scheuen sich, als Privatgutachter auf Patientenseite tätig zu werden	79
Die Behandlerseite lässt es trotz stichhaltiger Gutachten, die Behandlungsfehler bestätigen, auf einen Prozess ankommen	82
Die Behandlerseite lässt es trotz ganz offensichtlicher Fehler auf einen Prozess ankommen	84
Honorarverzicht als Fehlereingeständnis	86
Saloppe Sprüche und Beleidigungen im Krankenblatt	87
Anwälte raten Patienten „naturgemäß" zu Prozessen	87
Viele Patienten wollen keine Verantwortung für ihre Gesundheit übernehmen	88
Patienten können nur schwer akzeptieren, dass es schicksalhafte Verläufe gibt, an denen niemand schuld ist	90
Manche Patienten fordern Unmögliches von der Medizin und den Ärzten	91
Viele Patienten überschätzen ihre medizinischen und juristischen Kenntnisse	92
Das Unwort „Ärztepfusch"	94
Je später Behandlungsfehlervorwürfe erhoben werden, desto mehr wird die Fantasie beflügelt	94
Patienten verlassen sich manchmal zu sehr auf Gutachten des Medizinischen Dienstes der gesetzlichen Krankenversicherungen	95

Patienten und Krankenversicherungen scheuen
sich, Geld für Privatgutachten auszugeben 99
Die Drohung mit Presse und Fernsehen 101
Angeblich gefälschte Behandlungsunterlagen 102
Aus Fehlern lernen 103

3. Kapitel
Warum scheitern Patienten so oft
in Arzthaftungsprozessen? 104
Fehlende Rechtsschutzversicherung 104
Viele Klagen sind von vorneherein aussichtslos 108
Die Verteilung der Beweislast 110
Die Richter und Justitia 115
Das Selbstverständnis der Sachverständigen 120
Verhängnisvolle Schnittstellen 125

4. Kapitel
Wie lassen sich Behandlungsfehler
vermeiden? 127
Sich Zeit nehmen für den Patienten 127
Die Beschwerden des Patienten ernst nehmen 127
Verwechslungen vermeiden durch
konsequente Kontrollen 130
Achtung Schnittstelle! 133
Spezialisierung als bewährtes Mittel
zur Vermeidung von Behandlungsfehlern 136
Wiederum aus Fehlern lernen 139
Bisherige Erfolge zur Etablierung
einer Fehlerkultur 142

5. Kapitel
Hilfe aus dem Härtefallfond? 150

6. Kapitel
Interviews 154

Quellen- und Literaturverzeichnis 184

Abkürzungsverzeichnis 190

Danksagung 191

Vorwort

Keine Angst! Vor Ihnen liegt kein staubtrockenes juristisches Lehrbuch. Ich traktiere Sie auch nicht mit medizinischen Fachausdrücken. Nur zu! Es wird interessant, weil Sie Einblick bekommen, wie es hinter den Kulissen bei Kunstfehlerprozessen wirklich zugeht. Es wird, wie man so schön sagt, aus dem Nähkästchen geplaudert. Sie erfahren, was ich als Anwältin tagein, tagaus erlebt habe, was Patienten und Ärzten so alles passiert, wie sehr Sachverständige den Ausgang eines Prozesses beeinflussen und welche Rolle die Richter spielen. Sie werden staunen, weil Sie sich vieles bisher nicht oder nicht so vorstellen konnten, vor allem, weil Ihnen seit Jahrzehnten Gerichtsshows und Soaps über Krankenhausärzte und Rechtsanwälte ein völlig wirklichkeitsfremdes Bild vom Alltag in der Klinik und der Anwaltskanzlei vorgaukeln. Die Realität ist definitiv interessanter!

Besonders spannend und aufschlussreich war für mich all die Jahre, Patienten *und* Ärzte zu vertreten, wobei der Schwerpunkt meiner Arbeit auf der Patientenseite lag. Bereut habe ich diesen Spagat keinen Augenblick, obwohl mir genau das so mancher Patient und Arztkollege verübelt hat. Nach ihrer Meinung hätte ich mich von Anfang an festlegen sollen, „auf welcher Seite ich eigentlich stehe", um mich dann bitteschön auf die richtige Seite zu schlagen. Ein Patient nannte mich einmal „janusköpfig". Na ja.

Skulptur mit dem Doppelkopf des
römischen Gottes Janus

Und ein Arztkollege betitelte mich – damals gleich nach Eröffnung meiner Kanzlei neben diesen Türmen –

ohne Umschweife als Verräter.

Ich entschied mich aber bewusst gegen eine solche Festlegung. Zum einen wollte ich mir als Ärztin nicht die Möglichkeit nehmen lassen, Arztkollegen zu vertreten. Außerdem konnte ich schon damals nicht verstehen, was daran verwerflich sein soll, wenn ein Patient meint, falsch behandelt worden zu sein, und dies von einem kompetenten Anwalt überprüfen lassen will. Der Gesetzgeber hat wohlweislich diese Möglichkeit geschaffen. Daran ist nichts Unanständiges. Und schließlich birgt genau diese Festlegung, über Jahre oder Jahrzehnte ausschließlich Ärzte oder Patienten zu vertreten, zwei große Gefahren: Im Kopf bauen sich zwei Lager auf und der Anwalt verliert leicht die nötige kritische Distanz zur eigenen Klientel. Patienten sehen sich ausnahmslos in der Rolle des gesundheitlich geschädigten Opfers und Ärzte immer in der Rolle des zu Unrecht auf Schadenersatz verklagten Opfers. In genau dieses Rollen- und Schubladendenken wollte ich aber bei meiner Arbeit möglichst nicht verfallen.

Leider sehen viele Patienten ihren Arzt nicht als Menschen, der Heilkunde ausübt, sondern als Teil eines Gesundheitssystems, das sie schon längst nicht mehr durchschauen und verstehen können, dem sie zutiefst misstrauen, ja geradezu alles Schlechte unterstellen. Und viele Ärzte sehen in einem Patienten vor Gericht nicht einen kranken, möglicherweise fehlerhaft behandelten Menschen, der unter den Folgen dieses mutmaßlichen Fehlers leidet, sondern stecken ihn in die Schublade „aufsässiger, geldgieriger Typ, der nicht begreift, was ich Gutes für ihn geleistet habe". Bei ein paar Anwaltskollegen habe ich den Eindruck, sie machen sich genau diese Klischees zu eigen, was den beiderseitigen Problemen keineswegs gerecht wird.

Ich werde in diesem Buch Patienten in den Blickwinkel versetzen, aus dem die Ärzte auf einen Haftungsfall schauen, und den Arztkollegen erklären, wie sich das anfühlt, wenn man glaubt, falsch behandelt worden zu sein, deshalb gesundheitliche Beschwerden zu haben, vor einem Berg von alltäglichen Sorgen und juristischen Problemen zu stehen und zuletzt vor Gericht einem Arzt gegenüber zu sitzen, der eine Verantwortung für den mutmaßlichen Fehler in Bausch und Bogen ablehnt.

Hier finden Sie weder eine Kurzanleitung für eine erfolgreiche Klage gegen Ihren Arzt noch Tipps, wie man sich am effektivsten lästige Patientenanfragen wegen mutmaßlicher Behandlungsfehler vom Halse schaffen kann. Ich werde auch keine Vorurteile bedienen. Wer eine Beschimpfung der „Halbgötter in Weiß" wegen „Ärztepfusch" lesen möchte, wird in diesem Buch vergebens suchen. Wer (mutmaßlich) fehlerhaft behandelte Patienten, die ihren Arzt verklagen wollen, als unverschämte Leute abtut und hier eine Bestätigung dafür sucht, wird ebenfalls enttäuscht sein. Dann hören Sie hier einfach auf zu lesen und verschenken Sie das Buch. Es taugt sicher auch als Untersetzer für ein Weinglas.

Begleiten Sie mich zunächst auf einem kleinen Streifzug durch die Geschichte der Arzthaftung, die anschaulich macht, wie sich viele unserer heutigen Gepflogenheiten im Arzthaftungsrecht entwickelt haben.

Gehen Sie mit mir der Frage auf den Grund, warum so zahlreiche Behandlungsfehlervorwürfe erhoben und (zu) viele Arzthaftungsprozesse geführt werden und nur so wenige davon für Patienten erfolgreich enden.

Lesen Sie, was die Praktiker „an der Front" – aus dem Gerichtssaal und aus der Arztpraxis – erzählen.

PS: Wann immer die Rede ist von „dem Arzt", „dem Patienten", „dem Anwalt" o.a., betreffen Risiken und Nebenwirkungen des Buches natürlich auch die Damen der zitierten Gruppe.

1. Kapitel
Die Geschichte der Arzthaftung

I.

Patienten beschweren sich gerne, man brauche einen Halbgott in Weiß gar nicht erst zu verklagen, weil die Ärzte sowieso alle zusammenhalten und vor Gericht und auf hoher See bekanntlich jeder in Gottes Hand ist. Wie praktisch! Dieses Vorurteil versetzt auch gleich der Zunft der Richter einen Seitenhieb. Besonderer Beliebtheit erfreut sich auch das Sprichwort von der einen Krähe, die der anderen kein Auge aushackt. Trotzdem halten diese sogenannten Lebensweisheiten und Unterstellungen aber kaum einen, der befürchtet, falsch behandelt worden zu sein, davon ab, seinen Arzt zu verklagen. Zumindest dann nicht, wenn er rechtsschutzversichert ist.

Und die Ärzte jammern über die weit überzogenen Anforderungen der Patienten an die Medizin und die Mediziner. Den Patienten fehle die Bereitschaft, selbst für ihre Gesundheit Verantwortung zu übernehmen. Läuft etwas bei einer Behandlung nicht so, wie sich die Patienten das vorstellen, werde sofort auf den Doktor gezeigt, der daran schuld sein soll. Überhaupt die Schuldfrage! Irgendeiner muss eben schuld sein. Der Arzt sei da immer ein dankbares Opfer für die Rolle des Schuldigen. Die Patienten, so das Lamento der Doktoren, halten sich auch nicht an ärztliche Anweisungen (neudeutsch: mangelnde Compliance), wundern sich aber, warum die Therapie nicht anschlägt. Und die ewige Geldgier, die hinter jedem Arzthaftungsprozess steckt! Statt ihre Ärzte zu verklagen, sollten die Patienten lieber dankbar sein für ihr Engagement in diesem stressigen Job bei schlechter Bezahlung. Und so mancher Doktor befürchtet, in Deutschland könnten bald amerikanische Verhältnisse herrschen und die Prämien für die Haftpflichtversicherung nicht mehr bezahlbar sein.

Die Liste der wechselseitigen Unterstellungen und Schuldzuweisungen ist lang, wenn es um die Frage geht, ob fehlerhaft behandelt wurde oder nicht. Beiden Seiten fällt es gleichermaßen schwer, sich auch einmal in die Lage des anderen zu versetzen. Nicht selten stehen sich Arzt und Patient, sobald ein Behandlungsfehlervorwurf erhoben wird, geradezu feindselig gegenüber, ein Phänomen, an das ich mich nicht gewöhnen konnte. Ich fand es jedes Mal wieder schrecklich und überflüssig.

Die Arzt-Patient-Beziehung ist doch eigentlich etwas ganz Besonderes und sie ist – über den Daumen gepeilt – fast so alt wie die Menschheitsgeschichte. Unsere Ärzte sind nicht wegzudenkende Lebensbegleiter von der Geburt bis ans Sterbebett. Gerade weil wir immer älter werden und somit noch länger Zeit haben, allerlei Wehwehchen zu entwickeln, brauchen wir die Mediziner heute und in Zukunft mehr denn je. Und noch nie waren diese Damen und Herren in der öffentlichen Meinung so unter Beschuss wie heutzutage – auch und immer wieder, wenn es um die Frage ärztlicher Behandlungsfehler geht.

War das immer schon so? Wie sind eigentlich unsere Altvorderen mit ihren Ärzten verfahren, wenn ein Behandlungsfehler im Raum stand? Seit wann gibt es Kunstfehlerprozesse? Haben unsere Ahnen auch schon ihre Ärzte verklagt, wenn der erhoffte Heilerfolg ausgeblieben ist oder ein Behandlungsfehler vermutet wurde? Konnten die alten Römer Schmerzensgeld verlangen, wenn sie falsch behandelt wurden? Zitierte man den Medicus im Mittelalter wegen unterlassener Aufklärung vor der Operation vor den Richter? Wurden Ärzte im 19. Jahrhundert wegen einer fehlerhaften Diagnose verklagt? Wie war es vor und nach dem Zweiten Weltkrieg? Ist die Arzthaftungsklage etwa ein modernes Phänomen?

Wir sollten eine ungefähre Vorstellung haben, wie Ärzte und Patienten früher und in anderen Ländern beziehungsweise Kulturen mit ärztlichen Behandlungsfehlern umgingen, bevor wir kritisch unter die Lupe nehmen, wie wir heute dieses Problem – mehr oder weniger geschickt und erfolgreich – zu lösen versuchen. Eine kleine Exkursion durch die Geschichte der Arzthaftung fördert Interessantes zutage.

II.

Behandlungsfehlervorwürfe gegen Ärzte, Schadenersatzleistungen an falsch behandelte Patienten und Bestrafung der beschuldigten Heilkundigen sind noch nicht ganz so alt wie die Menschheit, aber schon sehr, sehr alt. Bereits früh machten sich die Leute Gedanken über die Berufspflichten der Ärzte und Folgen von Behandlungsfehlern. Überlegungen zu einer ärztlichen Haftung wurden schon lange vor Christi Geburt angestellt – natürlich nicht im heutigen Stil. Kein Wunder. Um behaupten und letztendlich beweisen zu können, dass gerade eine bestimmte ärztliche Behandlung und nicht ein schicksalhafter Verlauf oder ein (unvernünftiges) Verhalten des Patienten selbst einen Gesundheitsschaden verursacht hat, ist zunächst einmal eine umfassende Kenntnis des menschlichen Körpers und seiner Funktionen erforderlich, die lange fehlte. Erst wesentliche Fortschritte in Medizin und Technik machten die Ursachenzusammenhänge im menschlichen Organismus nachvollziehbar.

Auch entsprachen unsere Vorfahren längst nicht dem Bild eines aufgeklärten, kritischen und selbstbewussten Patienten. Im Gegenteil! Die Menschen fühlten sich vom Altertum bis ins Mittelalter und wohl auch noch später der Natur, den vielen gleichermaßen verehrten wie gefürchteten Göttern, Gottes

Gnade oder dem Schicksal ohne Wenn und Aber ausgeliefert. Eine kritische Haltung gegenüber den Ärzten entwickelte sich erst in neuerer Zeit: Interessierte Patienten, die die Kompetenz der Ärzteschaft hinterfragen, sich selbst über ihre Gesundheit oder Krankheit informieren und nicht alles glauben, was die Doktoren als gesund und heilsam empfehlen. Diese über Jahrhunderte stetig fortschreitende Emanzipation der Patienten stellte auch die Frage immer mehr in den Vordergrund, ob und wie man einem Arzt, der womöglich falsch behandelt hat, am besten zu Leibe rücken kann, wobei dieses Zu-Leibe-Rücken früher wörtlich gemeint war und teilweise sehr grausam praktiziert wurde.

Kunstfehler oder Behandlungsfehler?

Apropos Kunstfehler oder Behandlungsfehler. Woher stammen eigentlich diese Begriffe, die wir heute so ganz selbstverständlich verwenden? Wer hat festgelegt, was darunter zu verstehen ist?

Die ersten Gedanken darüber machte man sich wohl schon im alten Babylon, ca. 1700 v. Chr.

In der Constitutio Criminalis Carolina, der Peinlichen Halsgerichtsordnung Karls V., wurde im Jahre 1532 eine gesetzlich verankerte Definition des ärztlichen Kunstfehlers gegeben. Handelte ein Arzt aus „unfleiß oder unkunst" und kam dadurch ein Patient zu Schaden, drohte eine Strafe.

Um 1630 brachte Paolo Zacchia ärztliches Fehlverhalten auf diesen Nenner:

„Medicus errat ommitendo et commitendo"[1],

---

1 Wagner, Rechtsmedizin, S. 303–306.

was man – frei – etwa so übersetzen könnte: Ein Arzt irrt, wenn er behandelt und wenn er nicht behandelt. Sollte ich mich hier auch irren, mögen mir Herr Reiter und Herr Soyk, meine geschätzten, inzwischen wohl in Ehren ergrauten Lateinlehrer, verzeihen.

Ein Mediziner namens Christian Fahner beschrieb im Jahre 1797 Kunstfehler als

„Vergehungen gegen die von den Lehrern der Arzneikunst als zuverlässig und allgemein angenommenen Regeln der gesamten Arzneikunst",

aus

„argloser Übereilung", „grober Unwissenheit", „Vorwitz", „Verwegenheit", „Bosheit", „menschlicher Schwachheit", „zu großer Ängstlichkeit" und „unverzeihlicher Nachlässigkeit".[2]

Am bekanntesten dürfte die Umschreibung von Virchow sein, der in Kunstfehlern Verstöße gegen allgemein anerkannte Regeln der Heilkunst als Folge mangelnder ärztlicher Aufmerksamkeit oder Vorsicht sah. [Nebenbei bemerkt war Rudolf Virchow (1821–1902) eine ausgesprochen schillernde und vielseitige Persönlichkeit. Als Pathologe, Anthropologe, Prähistoriker und Politiker brachte er es zu Weltruf. Auf ihn geht die moderne Pathologie zurück. Und er war ein höchst angesehener liberaler Politiker der Deutschen Fortschrittspartei und der Deutschen Freisinnigen Partei.]

Das Reichsgericht in Leipzig, von 1879 bis 1945 der oberste Gerichtshof im Deutschen Reich, lehnte sich an Virchows griffige Definition an.

---

2 Riegger, Die historische Entwicklung der Arzthaftung, S. 14; Wagner, a. a. O., S. 303–306

Auch der Bundesgerichtshof (BGH)[3], unser höchstes Zivil- und Strafgericht seit 1950, definierte einen Kunstfehler zunächst als Verstoß gegen die allgemein anerkannten Regeln der ärztlichen Wissenschaft. Mit der Zeit geriet der Begriff Kunstfehler jedoch mehr und mehr in die Kritik, da er irgendwie nicht mehr passte und obendrein missverständlich erschien. Die moderne, wissenschaftlich-technisch geprägte Medizin konnte mit dem überkommenen Kunstbegriff nicht mehr zutreffend beschrieben werden. Auch, dass Kunst mit Können und damit mit persönlichen Eigenschaften und Fähigkeiten eines Arztes in Verbindung gebracht werden kann, wurde als nicht hilfreich gesehen. Wer einen Kunstfehler beging, war mit dem Makel behaftet, versagt zu haben, weswegen viele Ärzte die Verwendung dieses Wortes ablehnten. Gegen Ende der 70er-Jahre tauschte der Bundesgerichtshof daher den Begriff Kunstfehler allmählich gegen den Begriff Behandlungsfehler aus, mit dem allen – Ärzten, Patienten, Rechtsanwälten und Richtern – besser gedient ist.

Dennoch benutzen viele Patienten noch immer lieber das Wort Kunstfehler als eine Art Sammelbegriff für alles, was ein Arzt falsch machen kann bei Diagnostik, Behandlung und Aufklärung.

Die Entwicklung seit dem Altertum

Gehen wir nun zurück zur Wiege der Arzthaftung – **ins alte Babylon.** Im Codex des sagenumwitterten Königs Hammurabi, der ältesten erhaltenen Rechtssammlung in Keilschrift auf Basaltsäulen, finden wir die ersten Vorschriften über ärztliche Berufs-

---

3 Riegger, a.a.O., S. 16

pflichten und Arzthaftung[4] – allerdings vorwiegend für die Kollegen aus der Chirurgie. Die Internisten wurden als priesterähnliche Wesen gesehen und mussten nicht für missglückte Behandlungen haften. Stellte sich bei einer ärztlichen Behandlung der erhoffte Erfolg nicht ein, vermutete man als Patient einfach einen Behandlungsfehler – eine reine Erfolgshaftung[5] also. Auch wenn dem Arzt weder eine Sorgfaltswidrigkeit noch ein Verschulden nachgewiesen werden konnte, verlor er seinen Honoraranspruch und musste eine Strafe oder Geldbuße an den Geschädigten zahlen. Schlug die Behandlung eines Freien fehl, musste der Arzt, je nachdem, wie der gesundheitliche Schaden des Patienten ausgefallen war, mit einer grausamen, verstümmelnden Strafe rechnen, wie zum Beispiel dem Abschlagen der Hand[6], was der weiteren Berufsausübung nicht dienlich gewesen sein dürfte. Offenbar galt schon im alten Babylon: Augen auf bei der Berufswahl.

Im **alten Ägypten** hatten Ärzte bei fehlerhafter Behandlung keine Schadenersatzansprüche ihrer Patienten zu befürchten, konnten aber strafrechtlich zur Verantwortung gezogen werden, wenn sie überlieferte Regeln nicht beachtet hatten.

---

4 Riegger, a.a.O., S. 33–34; Bäumer, Ärztegesetzgebung, S. 13; Kehr, Kunstfehler, S. 32
5 v. Gerlach, in FS Geiß, S. 389,395
6 Riegger, a.a.O., S. 45

Erfolg oder Misserfolg der Behandlung spielten jedoch keine Rolle für die Frage der Strafbarkeit.

Missglückte im **alten China**[7] eine Heilbehandlung, konnte der Patient seinen Arzt nicht zur Verantwortung ziehen. Allerdings drohten nach fehlgeschlagenen Behandlungen zum Teil strenge Strafen[8] bis hin zur Todesstrafe, wenn Prominente dabei zu Schaden[9] kamen.

Paradiesische Zustände für Ärzte herrschten im **alten Griechenland**,

---

7 Riegger, a.a.O., S. 35
8 v. Authenrieth, in: Authenrieth, Gerichtlich-medizinische Aufsätze und Gutachten, S. 549, 557
9 Heinz, Kunstfehlergutachten, S. 4

Asklepios: Begründer und Gott der Heilkunst in der griechischen und römischen Mythologie.

wo man anscheinend kein Arzthaftungsrecht kannte und Behandlungsfehler weder zivil- noch strafrechtlich geahndet wurden. Der schlechte Ruf durch falsche Diagnosen und erfolglose Therapien war die einzige Strafe für die Ärzte. In einer Gesellschaft ohne Facebook, Twitter und Bewertungsportale dürften die Doktoren ein negatives Image aber leicht verschmerzt haben. Uns Anwälte für Arzthaftungsrecht hat man damals wohl nicht gebraucht.

Im **Rom der Antike**[10] entwickelte sich die Medizin in – für damalige Verhältnisse – bemerkenswerter Weise fort. Manche sprechen gar von einer beginnenden Blütezeit der medizinischen Versorgung. Man brauchte immer mehr Ärzte, weswegen dort nicht nur griechische Kollegen (seit etwa 200 v. Chr.), sondern zunehmend auch Römer praktizierten. Im alten Rom genossen die Internisten ebenfalls einen besseren Ruf als die Chirurgen, was wohl an der überwiegend geistigen Tätigkeit der Ersteren gelegen haben dürfte.

Stellen wir uns nun einen antiken Arzthaftungsfall vor: Hätte Julius Caesar Schmerzensgeld bekommen,

Julius Caesar, 13.07.100–15.03.44 v. Chr.

---

10 Riegger, a. a. O., S. 39

wenn er einen Arzt wegen fehlerhafter Behandlung verklagt hätte? Er war ja bekanntlich Epileptiker und hätte sich zum Beispiel durch einen Sturz während eines Anfalls eine Platzwunde am Kopf zuziehen können. Ein Chirurg (vom römischen kassenärztlichen Bereitschaftsdienst – oder war Caesar Privatpatient?) wäre in Toga und Sandalen herbeigeeilt und hätte die Wunde versorgt. Angenommen, ihm wäre dabei ein Fehler unterlaufen. Des Weiteren angenommen, die Wunde hätte geeitert, Fieberschübe wären aufgetreten, und der große Staatsmann und Feldherr hätte wochenlang unter den Folgen dieses Behandlungsfehlers gelitten, z. B. an Kopfschmerz (damals gab's noch kein Aspirin!), Schlaflosigkeit und allgemeiner Abgeschlagenheit. Nach der Lex Aquilia (seit 287 v. Chr.) hätte dieser Arzt für die körperlichen Beeinträchtigungen (sogenannter Nichtvermögensschaden) infolge seines Behandlungsfehlers *kein Schmerzensgeld* bezahlen müssen. Dem lag die überkommene Bewertung zugrunde, dass Körperschäden und gesundheitliche Beeinträchtigungen bei Freien nicht in Geld messbar waren[11] – ein noch für erstaunlich lange Zeit gültiger Grundsatz. [Selbst noch Jahrhunderte später konnte man nach römischem Recht für einen immateriellen Schaden bei einfachen Körperverletzungen kein Schmerzensgeld verlangen, es sei denn, es handelte sich z. B. um die Entstellung einer unverheirateten Frau, wenn deren Chancen auf Verheiratung und damit auf lebenslange finanzielle Absicherung dadurch gemindert oder gar völlig zunichte waren. Allerdings wurden derartige Zahlungen dann nicht als Schmerzensgeld bezeichnet.[12]] Der unglückselige Chirurg unseres Falles hätte Julius Caesar nur die Behandlungskosten und den Verdienstausfall aufgrund der Gesundheitsschädigung zu ersetzen brauchen. Wie der prominente Staats-

---

11 Riegger, a. a. O., S. 42; Walter, Anspruch auf Schmerzensgeld, S. 73;
12 Walter, a. a. O., S. 75

mann seinen Verdienstausfallschaden berechnet hätte, wollen wir hier nicht vertiefen. Was für eine Schlagzeile hätte die BILD wohl daraus gemacht, so sie denn schon existiert hätte? Wahrscheinlich „Skandal! Kein einziger Sesterz[13] für Caesar" oder „Geht Caesar leer aus? Sein Sklave berichtet exklusiv bei BILD".

Und wie sah es mit der strafrechtlichen Verfolgung von ärztlichen Behandlungsfehlern im alten Rom aus? Das römische Strafrecht war anscheinend wenig systematisch. Mangels einer speziellen gesetzlichen Regelung für ärztliche Fehler konnte eine Strafverfolgung der Ärzte nur aus den allgemeinen Vorschriften der Lex Cornelia de iniuriis (88 v. Chr.) abgeleitet werden, die auch auf die Doktoren angewendet wurde.[14] Verstarb beispielsweise ein Patient durch eine Medizin, die ihm sein Arzt irrtümlich verordnet hatte[15], wurde dieser Arzt wegen fahrlässiger Tötung mit Verbannung oder Hinrichtung bestraft. Später wurden die Strafen noch verschärft:

---

13 Der Sesterz war eine Bronze-Münze zur Zeit des Julius Caesar
14 Riegger, a. a. O., S. 44; Heinz, a. a. O., S. 4
15 Heinz, a. a. O., S. 4, 5

Die Verurteilten wurden gekreuzigt, bei lebendigem Leib verbrannt oder den wilden Tieren vorgeworfen.[16]

Aus der **Zeitspanne zwischen Antike und 18. Jahrhundert** [17] wissen wir wenig über die rechtlichen Folgen ärztlicher Behandlungsfehler. Zu Beginn des Mittelalters kannte man noch keinen Arztberuf im heutigen Sinn, für den eine staatliche Prüfung abgelegt werden musste. Sogar Geistliche durften damals ärztliche Behandlungen durchführen. Heilkunde übte man als Internist oder Chirurg aus. Letztere nannten sich Wundarzt, Barbierchirurg oder Bader, deren Ausbildung in einer Art Handwerkerlehre bestand. [Bekanntester Vertreter der Handwerkschirurgen war wohl Johann Andreas Eisenbarth, geb. 1663 in Oberviechtach, verst. 1727 in Münden, der durch seine Heilerfolge als Wundarzt und Starstecher landesweit großen Ruhm erlangte. In Preußen wurde er wegen seiner Qualitäten als Augenarzt im Jahre 1717 von König Friedrich Wilhelm I. sogar zum Hofrat und Hof-Augenarzt ernannt. Der Nachwelt blieb er durch das um 1800 verfasste Trinklied mit dem Titel „Ich bin der Doktor Eisenbarth" in Erinnerung.] Die Internisten hingegen wurden an der Universität ausgebildet, wobei man sich darunter kein Medizinstudium nach heutigem Verständnis vorstellen darf. Bis Mitte des 16. Jahrhunderts wurden nur wenige Kunstfehlerprozesse geführt, was auch daran lag, dass Heilkunde eben im Umherziehen ausgeübt wurde. Einen Praxissitz im heutigen Sinne musste der Heilkundige nicht einrichten und konnte sich einer möglichen Haftung einfach durch das Weiterreisen entziehen.

Der älteste Bericht über einen Prozess aus dem Jahr 1423 handelt von einem Heilkundigen mit der vertrauenerweckenden

---

16 Rein, Criminalrecht, S. 421
17 Riegger, a. a. O., S. 45ff

Berufsbezeichnung „Hodenschneider", wohl ein Vorgänger der heutigen Urologen, der verklagt wurde, weil er bei der Operation einen Blasenstein nicht entfernt hatte.

Eine der wichtigsten Rechtsquellen der damaligen Zeit war die bereits erwähnte Constitutio Criminalis Carolina, auch Peinliche Halsgerichtsordnung Karls V. genannt. Und sie hielt, was ihr Name versprach. Im Jahre 1532 vom Reichstag in Regensburg als Reichsgesetz beschlossen, regelte sie als allgemeingültiges Gesetzeswerk unter anderem ausdrücklich die strafrechtlichen Folgen ärztlicher Behandlungsfehler – ein wichtiger Schritt zum Schutz von Leib und Leben der Patienten. Im damaligen Gesundheitswesen tummelten sich allerhand mehr oder weniger gut ausgebildete Heilkundige – weitgehend ohne staatliche Aufsicht[18], wie beispielsweise Barbiere und Scharfrichter.

---
18 Riegger, a. a. O., S. 53ff

Letztere waren nicht nur Spezialisten für Hinrichtungen (vor allem durch Enthaupten und Erhängen) und Folterungen, wie ihre Berufsbezeichnung nahelegt, sondern auch unter Mithilfe ihrer Mitarbeiter – damals noch Knechte genannt – als Abdecker, Hundefänger, Cloacarius oder manchmal sogar als Stadtmedicus gefragt. Dass Scharfrichter auch als Heilkundige tätig waren, mag zunächst erstaunen, erklärt sich aber durch ihre guten Kenntnisse der menschlichen Anatomie, die sie beim Foltern und Hinrichten erwerben konnten. Außerdem waren die Scharfrichter verpflichtet, freigesprochene Folterungs-Opfer von den zugefügten Verletzungen zu heilen. Manche verdienten ihren Lebensunterhalt auch als Bordellwirte oder mit der Beaufsichtigung öffentlicher Spielveranstaltungen.[19] Alles in allem also ein abwechslungsreicher Job, wenn man nicht gerade zart besaitet war. Abbeter, Handauflger und sonstige Scharlatane, die bar jeglicher medizinischer Kenntnisse waren, behandelten auf Jahrmärkten alle möglichen Erkrankungen mit mehr oder weniger merkwürdigen Tinkturen.

Das sollte sich ändern, weswegen Fehlleistungen von Ärzten, Badern, Barbieren, Bruch- und Steinschneidern, Scharfrichtern und Hebammen geahndet wurden. Nun wurde bestraft, wer mit „Unfleiß" behandelte, d.h. ohne die gebotene Sorgfalt, oder wem „Unkunst" nachgewiesen wurde, also fehlendes oder im Einzelfall nicht richtig angewandtes Fachwissen. „Fürsetzlich"[20] handelte ein Arzt, der mit Vorbedacht und planvoll zu Werke ging. „Willigliches"[21] Handeln lag vor, wenn der Arzt – nach heutigem Verständnis – bewusst und gewollt und mit Unrechtsbewusstsein tötete. Ein Arzt machte sich allerdings nur strafbar, wenn seine Behandlung auch eine gesundheitliche Beeinträchtigung

---

19 Schild, Gerichtsbarkeit, S. 180
20 Riegger, a.a.O., S. 55; Kehr, a.a.O., S. 76
21 Riegger, a.a.O., S. 55; Kehr, a.a.O., S. 76, 82

des Patienten herbeigeführt hatte.[22] War dieser Zusammenhang zweifelhaft, holte man – wie heute auch – den Rat medizinischer Sachverständiger ein.[23] Art und Schwere der Strafe standen sodann im Ermessen des Richters[24] und waren vom Ausmaß des Schadens und Verschuldens abhängig sowie von der Art des verletzten Rechtsguts.[25] Je nachdem sollten Geldstrafe, Gefängnisstrafe oder Verweisung verhängt werden. In schweren Fällen drohte der Staupenschlag[26], also das Auspeitschen am Pranger mit Zuchtpeitsche, Lederriemen oder Reisigbündeln. Manchmal waren Metallsplitter in das Schlagwerkzeug eingearbeitet, um die Wirkung zu verstärken, was gelungen sein dürfte. Bei bewussten Tötungshandlungen konnte der Arzt – gleich einem gewöhnlichen Mörder – aufs Rad gespannt werden[27],

---

22 Riegger, a.a.O., S. 55; Kehr, a.a.O., S. 62
23 Riegger, a.a.O., S. 56; Kehr, a.a.O., S. 52
24 Riegger, a.a.O., S. 56
25 Kehr, a.a.O., S. 101
26 Riegger, a.a.O., S. 56; Kehr S. 105
27 Riegger, a.a.O., S. 56; Kehr, a.a.O., S. 111

eine besonders grausame Strafe, bei der zunächst die Knochen zerschlagen wurden, um dann Arme und Beine des Geschundenen durch die Speichen zu flechten.

Strafverfahren gegen Ärzte gab es bis ins 19. Jahrhundert dennoch nicht allzu häufig. Den Strafverfolgern fehlten damals weitgehend die hierzu erforderlichen medizinisch-naturwissenschaftlichen Kenntnisse, was eine nahezu unüberwindbare Hürde für die Beweisführung bei einem Behandlungsfehlerverdacht darstellte.[28] Eines der wenigen ereilte um 1770 einen Kollegen aus der Chirurgie, der zu Honorarverzicht, 100 Reichstalern Schadenersatz und zur Übernahme der Prozesskosten verurteilt wurde, weil er einen Schuhmacher wegen eines Nasengeschwürs erfolglos behandelt hatte. Die Nase wurde komplett zerstört, sodass der Patient fürchterlich entstellt war, weswegen ihn seine Frau verließ und er sein Geschäft aufgeben musste.[29]

Neben der Peinlichen Halsgerichtsordnung Karls V. gab es seit dem 15. Jahrhundert auch sogenannte Medizinalordnungen – quasi Vorläufer heutiger Berufsordnungen, die die Aufgabenkreise verschiedener Heilberufe und Apotheker definierten, womit allen Pfuschern und Scharlatanen das Handwerk gelegt werden sollte. In den Medizinalordnungen von Konstanz (1455), Amberg (1464) und Nürnberg (1478) fanden sich noch ganz allgemeine Behandlungsvorschriften für Ärzte, wogegen die Augsburger Medizinalordnung von 1582 die Ärzte dann schon zu bestimmten Tätigkeiten, wie beispielsweise Hausbesuche bei Kranken, verpflichtete.

Die Preußische Medizinalordnung von 1685 regelte, wie Barbiere, Wundärzte, Alchemisten (als frühe Vorläufer der Chemiker und Pharmazeuten),

---

28 Riegger, a.a.O., S. 57; Kehr, a.a.O., S. 180
29 Riegger, a.a.O., S. 76; Kehr, a.a.O., S. 29

Schreibtisch des Alchemisten

Zahnbrecher, Steinschneider und Bruchschneider ihre Kundschaft behandeln durften. Wie die furchteinflößenden Berufsbezeichnungen vermuten lassen, dürfte die Komplikationsrate bei diesen Spezialisten beträchtlich gewesen sein. Was allerdings passieren sollte nach einer fehlerhaften Diagnose oder Therapie, war in der Medizinalordnung nicht festgelegt.

Ab dem **18. Jahrhundert** entwickelte sich die Medizin in geradezu revolutionären Schritten in Richtung moderne Wissenschaft. Die Ärzte durchliefen eine bessere Ausbildung, forschten und arbeiteten wissenschaftlich. Anfang/Mitte des 19. Jahrhunderts konnte man endlich unter Lachgas-, Äther- oder Chloroformnarkose operieren. Ein enormer Fortschritt, wenn man bedenkt, wie fest die Chirurgen bis zur Entdeckung der betäubenden, schmerzbefreienden Wirkung der Narkotika davon überzeugt waren, Messer und Schmerz würden untrennbar miteinander verbunden bleiben. Auch Zähne konnten nun unter Betäubung behandelt und gezogen werden. [Horace Wells (Hartford, Connecticut) verwendete als erster Zahnarzt ab 1844 Lachgas als Narkosemittel für Zahnbehandlungen und -extraktionen. Die schmerzstillende Wirkung von Lachgas hatte er zufällig auf einem Jahrmarkt bei einer Veranstaltung zur Volksbelustigung – eine Art Comedy-Live-Show – beobachtet: Ein Mann hatte sich auf der Bühne eine Wunde am Bein zugezogen und empfand dennoch keinerlei Schmerzen, was Wells hellhörig machte.]

Man achtete allmählich auch auf Keimfreiheit – vor allem bei Operationen. Ganz allgemein entwickelte die Ärzteschaft ein Bewusstsein für Hygiene, heute eine Selbstverständlichkeit, was die Patientensicherheit damals enorm verbesserte. Wie wenig selbstverständlich Sauberkeit und Hygiene im Krankenhaus bis dato waren, lässt sich anhand der Biographie von Prof. Dr. Ignaz Semmelweis, dem „Retter der Mütter", bestens demonstrieren. 1846 arbeitete Semmelweis (1818–1865) als junger Assistenzarzt in der geburtshilflichen Abteilung des Allgemeinen Krankenhauses in Wien, wo die Sterblichkeitsrate der Frauen bei bis zu 15 Prozent lag. In anderen Kliniken betrug sie sogar bis zu 30 Prozent. Auffällig war, dass in der Abteilung, in der Ärzte und Medizinstudenten arbeiteten, die durch das Kindbettfieber bedingte Sterblichkeit von Müttern nach der Entbindung wesentlich höher lag als in der zweiten Abteilung, in der Hebammenschülerinnen ausgebildet wurden. Semmelweis gelang es, den Grund hierfür herauszufinden: Ärzte und Studenten führten täglich Sektionen (Leichenöffnungen und -untersuchungen) an den Leichen der Patientinnen durch, die zuvor am Kindbettfieber verstorben waren. Danach untersuchten sie die Gebärenden, ohne sich die Hände zu waschen beziehungsweise zu desinfizieren. Handschuhe verwendete man damals auch noch nicht. Dabei übertrugen Ärzte und Studenten die Bakterien von den Leichen auf die gebärenden Frauen. Die Hebammenschülerinnen in der anderen geburtshilflichen Abteilung hingegen kamen nicht mit Leichen in Berührung und führten auch keine Untersuchungen an den Gebärenden durch. Semmelweis wies seine Studenten daher an, nach Leichenöffnungen Hände und Instrumente sorgfältigst (!) zu desinfizieren – die richtige Maßnahme: Die Sterblichkeitsrate sank auf zwei bis drei Prozent. Wenig später fand Semmelweis heraus, dass die Ansteckung nicht nur von Leichen, sondern auch von lebenden Personen ausgehen konnte, weswegen er anordnete, die Hände vor jeder Untersuchung zu desinfizieren, worauf die Sterblichkeitsrate noch weiter gesenkt werden konnte. Interessanterweise wollten viele Kollegen diese Zusammenhänge zunächst nicht anerkennen. Sie führten das Kindbettfieber, das so viele Frauen wie die Fliegen hatte sterben lassen, auf fast lächerliche Ursachen, wie z. B. schlechte Luftströme im Krankenhaus, zurück. Semmelweis' Erkenntnisse wollten sie als Mumpitz abtun und sie bezeichneten das Händedesinfizieren als Zeitverschwendung.

Die Entdeckung der Röntgenstrahlen durch Wilhelm Conrad Röntgen (1845–1923) im Jahre 1895 war ein Quantensprung in der Diagnostik der Knochenbrüche, Lungenerkrankungen und so weiter, wofür ihm 1901 der Nobelpreis für Physik verliehen wurde.

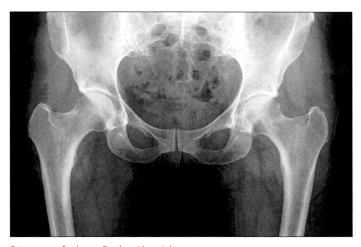

Röntgenaufnahme: Beckenübersicht

Nun entwickelte sich auch ein einheitlicher Arztberuf. Die Zahl der Ärzte stieg kontinuierlich als Folge des zunehmenden Bedarfs an ambulanter und stationärer medizinischer Versorgung – besonders in den Städten infolge der Landflucht, die von der Industrialisierung ausgelöst worden war.

Der Staat kontrollierte und finanzierte nun die Universitäten, regelte die Zulassung zum Arztberuf, definierte ärztliche Berufspflichten und setzte ärztlichen Honorarforderungen durch festgelegte Gebühren Grenzen[30] – quasi die Geburtsstunde der GOÄ (Gebührenordnung für Ärzte). Man möchte meinen, die enormen Fortschritte in Medizin, Naturwissenschaften und Technik sowie die vermehrte staatliche Kontrolle im Gesundheitswesen hätten die Patientensicherheit erhöht. Falsch gedacht. Das neue, größere Spektrum an Diagnose- und Therapiemöglichkeiten brachte zusätzliche Risiken und Nebenwirkungen

---

30 Riegger, a. a. O., S. 61; Laufs, in: Eser/Künschner, S. 384, 397

mit sich, wodurch die Wahrscheinlichkeit eines Behandlungsfehlers im Ergebnis nicht geringer wurde. Allerdings konnten die neuen medizinischen Erkenntnisse bei der Beweisführung zur Frage des Behandlungsfehlers und dessen Ursächlichkeit für einen Gesundheitsschaden hilfreich sein[31] – theoretisch wenigstens.

Tatsächlich wurden im 18. Jahrhundert und der ersten Hälfte des 19. Jahrhunderts aber nur wenige Kunstfehlerprozesse geführt.[32] Warum eigentlich? Über ärztliche Behandlungsfehler redete man damals nicht in der Öffentlichkeit und man brachte sie eher selten vor Gericht.[33] Und falls doch ein vermuteter Fehler in aller Munde war, wurde dem Arzt unterstellt, in bester Absicht behandelt zu haben. Sofern überhaupt geklagt wurde, erwischte es vor allem Chirurgen und Geburtshelfer[34], auch heute noch unfreiwillige Spitzenreiter bei den Behandlungsfehlervorwürfen.

Die Rechtslage zur Arzthaftung war in dieser Zeit unübersichtlich, weil es parallel zahlreiche unterschiedliche Rechtsordnungen gab. Dies änderte sich erst, als 1872 das Reichsstrafgesetzbuch und 1900 das Bürgerliche Gesetzbuch in Kraft traten.[35] Ab Mitte des 19. Jahrhunderts kam es öfter zu Arzthaftungsprozessen, die allerdings meist mit einem Freispruch endeten, da Patienten nach wie vor kaum Chancen hatten, einen Behandlungsfehler und den Zusammenhang zwischen Fehler und Gesundheitsschaden nachzuweisen.

---

31 Riegger, a.a.O., S. 61
32 Riegger, a.a.O., S. 62
33 Henke, Abhandlungen, S. 70
34 Riegger, a.a.O., S. 63; Ortloff, Fahrlässigkeit, S. 66
35 Riegger, a.a.O., S. 73

Geradezu spektakulär war der sogenannte Pistolenschussfall[36]. Ein Wundarzt unternahm einen recht eigenwilligen Heilversuch, indem er eine Falschgelenkbildung im Knie mit einem Pistolenschuss behandelte. Man möchte es nicht glauben, aber es trat tatsächlich eine deutliche Besserung der „präoperativen" Schmerzen ein, weswegen der Patient mit der Behandlung eigentlich zufrieden war. Allerdings zeigte ein Mitbehandler den Kollegen an. Der Arzt wurde am Ende freigesprochen, obwohl die Gutachter festgestellt hatten, dass er eine weniger riskante Behandlungsmethode hätte anwenden müssen.

Besonders bemerkenswert auch der Fall des Psychiaters Dr. Horn an der Charité in Berlin.[37] Da die Charité schon zu dieser Zeit eine renommierte Klinik war, zogen die damaligen Geschehnisse viel Aufmerksamkeit auf sich und setzten in Juristenkreisen die offene Diskussion um ärztliche Behandlungsfehler in Gang. Im Jahre 1811 wurde nämlich eine 21-jährige, psychisch kranke Patientin stationär aufgenommen und von Dr. Horn wie damals üblich behandelt – mit Wechselbädern, Brechmitteln, Wassergüssen und Fesselung in einer Zwangsjacke oder einem Sack. Während einer solchen Behandlung mit dem Sack starb die Patientin. Ein hiervon schockierter Angehöriger erstattete Anzeige beim Königlichen Kammergericht, welches jedoch nicht tätig wurde, weil kein gewaltsamer Tod vorlag. Ein empörter Arztkollege aus der Charité wollte die Sache aber nicht auf sich beruhen lassen und bezichtigte Dr. Horn, den Tod der Patientin auf grausame und unmenschliche Art herbeigeführt zu haben. Alle daraufhin vom Kammergericht beigezogenen Sachverständigen waren der Meinung, dass die von Dr. Horn

---

36 Riegger, a. a. O., S. 74, Krähe, Kunstfehler, S. 85, 86
37 Riegger, a. a. O., S. 77; Henke, a. a. O., S. 164–169, 186, 187, 190, 195, 201–207; Kalisch, Kunstfehler, S. 4–12, 29

angewandten Behandlungsmethoden nichts Ungewöhnliches waren. Außerdem sei die junge Frau nicht im Sack erstickt, sondern an einem Schlaganfall verstorben. Dr. Horn wurde also freigesprochen, war komplett rehabilitiert und wurde später befördert. Der Kollege, der Anzeige erstattet und den Stein ins Rollen gebracht hatte, verließ das Krankenhaus.

Einzelne Verurteilungen gab es dennoch. Im Jahre 1834 wurde beispielsweise ein Chirurg wegen fahrlässiger Tötung zu einjähriger Festungshaft verurteilt und mit einem lebenslangen Berufsverbot belegt. Er hatte einen Patienten mit einem Abszess im Knie ohne saubere Instrumente und sauberes Verbandsmaterial operiert und zur Operation keinen zweiten Arzt hinzugezogen. Die postoperative Wundversorgung erledigte er so schlampig, dass der Patient verblutete.[38]

Im Jahr 1882 beschrieb das Reichsgericht erstmalig eine Art Facharztstandard: Bei jeder Behandlung müsse der jeweils aktuelle Wissensstand zur Anwendung kommen, keinesfalls als veraltet geltende Erkenntnisse.[39]

Die größte Bedeutung für die Fortentwicklung des Arzthaftungsrechts hatte eine Entscheidung des Reichsgerichts von Mai 1894.[40] In diesem Fall wurde die ärztliche Heilbehandlung strafrechtlich als Körperverletzung eingeordnet, die nur durch die Einwilligung des Patienten oder seines gesetzlichen Vertreters gerechtfertigt werden kann. Das gilt auch heute noch.

Bemerkenswert scheint, dass Kunstfehlerprozesse früher auch von Arztkollegen eingeleitet wurden – heutzutage nahezu unvorstellbar. Das Sprichwort von der Krähe dürfte es damals noch nicht gegeben haben.

---

38 Riegger, a.a.O., S. 76; Henke, Zeitschrift für die Staatsarzneikunde 1835, S. 218, 269, 303–307
39 Riegger, a.a.O., S. 76; Ortloff, a.a.O., S. 23
40 Riegger, a.a.O., S. 78

Seit **Beginn des 20. Jahrhunderts** stieg die Zahl der Zivilprozesse und Strafverfahren gegen Ärzte wegen Behandlungsfehlern langsam an. Fortschritte in den Naturwissenschaften und der Medizin schufen einerseits zahlreiche und bessere Möglichkeiten, Erkrankungen zu erkennen, zu lindern und zu heilen, aber als Kehrseite der Medaille auch mehr Fehlerquellen bei Diagnostik und Therapie. Neue Risiken und Nebenwirkungen traten in neuen Varianten und Kombinationen auf, sodass immer öfter Behandlungsfehlervorwürfe gegen die Doktoren erhoben wurden. Die Richter mussten sich zunehmend mit medizinischen Begriffen und Problemen auseinandersetzen und dabei selbst Richtlinien für die Beurteilung ihrer Fälle entwickeln, da es für Kunstfehlerprozesse nach wie vor keine besonderen gesetzlichen Vorschriften gab. Aus dieser Not machten sie quasi eine Tugend und begannen, ein zivil- und strafrechtliches *Richterrecht* zu schaffen zur Beurteilung von Behandlungsfehlern und daraus entstandenen Schäden der Patienten.[41]

Besonderes Augenmerk verdient die Rechtsprechung des Reichsgerichts zum Problem der Aufklärung der Patienten vor Heilbehandlungen, dem noch heute am meisten umstrittenen Zankapfel im Arzthaftungsrecht. Den Anwälten auf Seiten der Patienten kam die Aufklärungsrüge gerade recht – als zweites Standbein für die Klage und Sprungtuch, falls der Behandlungsfehlervorwurf nicht verfängt. Den Kollegen auf der Behandlerseite verursachte sie schon immer Magenschmerzen.

Im ersten grundlegenden Urteil hierzu aus dem Jahre 1912 verneinte das Reichsgericht noch eine Pflicht des Arztes, Patienten umfassend auf alle möglichen Risiken einer Operation hinzuweisen. Die Richter waren der Auffassung, dass die Kranken

---

41 Riegger, a. a. O., S. 107, 108

hierdurch von der Durchführung des Eingriffes abgehalten würden und die Angst vor den mitgeteilten Risiken die postoperative Heilung gefährden könnte.[42] Das heute so selbstverständliche Selbstbestimmungsrecht des Patienten war damals noch überhaupt kein Thema, was sich mit der Zeit jedoch langsam änderte. Die Entscheidungsfreiheit des Arztes, worüber und wie ausführlich er seine Patienten aufklärt, wurde mehr und mehr eingeschränkt, wogegen das Selbstbestimmungsrecht des Patienten zunehmend betont und gestärkt wurde. Im Jahre 1931 erweiterte das Reichsgericht den Umfang der vom Arzt vorzunehmenden Aufklärung: Der Arzt müsse den Patienten vor der Durchführung eines Eingriffs auch darüber informieren, dass die Operation möglicherweise nicht den erhofften Erfolg bringt oder bestimmte Nebenwirkungen möglich sind.[43] Im Jahre 1932 stellte das Reichsgericht darüber hinaus klar, dass schwerstkranken Patienten nicht ihr wahrer Zustand verheimlicht werden darf, es sei denn, diese umfassende Aufklärung würde aus einem besonderen Grund den Heilungsverlauf stören.[44]

Zur grundsätzlichen Beweislastverteilung, der wahrscheinlich wichtigsten Weiche im Kunstfehlerprozess, erließ das Reichsgericht bereits 1912 eine wegweisende Entscheidung. Falls die Ursachen für eine gesundheitliche Schädigung eines Patienten durch eine ärztliche Behandlung nicht aufklärbar seien, könne dies beweisrechtlich nicht zu Lasten des Arztes gehen.[45]

Erwähnenswert auch eine Entscheidung aus dem Jahre 1930, in der klargestellt wurde, dass Ärzte verpflichtet sind, sich

---

42 Riegger, a.a.O., S. 109; RGZ 78, S. 432ff
43 Riegger, a.a.O., S. 110
44 Riegger, a.a.O., S. 110
45 Riegger, a.a.O., S. 114

fortzubilden, um nach dem neuesten wissenschaftlichen Stand untersuchen, diagnostizieren und behandeln zu können.[46]

Wie diese Beispiele zeigen, haben die Herren in Robe in Kunstfehlerprozessen nicht nur Einzelfallentscheidungen getroffen, sondern ein System mit allgemeinen Grundsätzen für die Arzthaftung entwickelt und ausgebaut, das heute noch die Grundlage unseres Arzthaftungsrechts darstellt.

Während des **Nationalsozialismus**[47] wurde die Rechtsprechung erheblich ideologisch infiziert. Die Rechte des Einzelnen wurden gegenüber den Interessen der „durch Blut und Treue verbundenen Deutschen" und der „Volksgemeinschaft"[48] nahezu bedeutungslos. [Beim Lesen dieser Begriffe habe ich jedes Mal den skrupellosen Verbrecher Goebbels, Hitlers fuchtelnden Reichspropagandaminister, vor Augen und im Ohr, wie man ihn aus alten Rundfunk- und Fernsehaufnahmen kennt.] Ein „gesundes Volksempfinden" sollte Anstand und Gerechtigkeit ersetzen. Das sogenannte Gemeinwohl ermöglichte eine willkürliche, oftmals haarsträubende Rechtsprechung. Diese Entwicklung beeinflusste auch das ärztliche Berufsbild und Selbstverständnis. Ärzte hatten gemäß der Reichsärzteordnung ohne Wenn und Aber der „Volksgesundheit" und „Erhaltung […] des Erbguts und der Rasse des deutschen Volkes"[49] zu dienen. Patienten mussten im Interesse des Gemeinwohls und der Volksgesundheit fragwürdige, unethische, unmenschliche ärztliche Eingriffe erdulden.

Erstaunlicherweise blieb das Reichsgericht im Gegensatz zu manch anderem Rechtsprechungsorgan auf einer gewissen

---

46 Riegger, a. a. O., S. 112
47 Riegger, a. a. O., S. 118
48 Goebbels, Ärztliche Eingriffe, S. 22, 23
49 Engisch, in: Eser/Künschner, S. 134, 160

Distanz zur nationalsozialistischen Ideologie, sodass im Arzthaftungsrecht eine Prägung im Sinne der Nazis weitgehend ausblieb. Es entwickelte bereits bestehende Grundsätze in der Rechtsprechung weiter, wie beispielsweise im Bereich der Aufklärungspflicht oder bei der Festlegung des Fahrlässigkeitsmaßstabes bei Behandlungsfehlern. Erwähnenswert auch die Einschränkung der ärztlichen Kurierfreiheit zum Schutz der Patienten. Insgesamt gelang dem Reichsgericht ein hinreichender Ausgleich der gegenläufigen Interessen von Patienten und Ärzteschaft, der praxis- und kliniktaugliche Grundsätze für den ärztlichen Arbeitsalltag an die Hand gegeben wurden.[50]

Während des Nationalsozialismus stieg die Zahl der Kunstfehlerprozesse insgesamt weiter langsam an – vor allem auf dem Gebiet der Chirurgie und Strahlentherapie, dürfte allerdings in den Kriegsjahren gegen Null gegangen sein, da die Menschen bekanntlich zur Genüge andere Sorgen hatten.[51]

Typischerweise gab es in der **ehemaligen DDR** weder den Begriff „Arztrecht" noch das spezielle Rechtsgebiet „Arzt(haftungs)recht". Probleme im Arzt-Patienten-Verhältnis wurden „gesundheitsrechtlich" behandelt und gelöst. Die Gesundheit der DDR-Bürger war nach dem sozialistischen Rechts- und Staatsverständnis und dem Willen des Politbüros und seiner Führungs(beton)köpfe eine gesamtgesellschaftliche Aufgabe. Die Arzt-Patient-Beziehung und daraus resultierende Streitigkeiten durften somit auf gar keinen Fall aus dem Blickwinkel einer einzelnen Berufsgruppe oder einzelner Patienten beurteilt werden.[52] Wie bei den Nazis galt der Einzelne und seine Probleme nichts, das Kollektiv

---

50 Riegger, a. a. O., S. 127, 128
51 Riegger, a. a. O., S. 122
52 Riegger, a. a. O., S. 134; Mück, NJW 1983, S. 1364

alles. Außerdem wurde in der DDR der Begriff „Kunstfehler" sowohl im Zivil- als auch im Strafrecht konsequent vermieden.[53]

Die Zahl der Arzthaftungsfälle war in der DDR insgesamt gering. In den letzten Jahren des Bestehens der DDR zählte man jährlich etwa 1.000 bis 1.500 Schadenersatzanträge und Anträge auf Gewährung der „erweiterten materiellen Unterstützung"[54], einer Besonderheit der DDR. Auch vor den Strafrichter wurden Ärzte eher selten zitiert.[55]

Woran lag das? In der DDR wurden Behandlungsfehlervorwürfe größtenteils außergerichtlich durch das staatliche ärztliche Begutachtungswesen von sogenannten Bezirksgutachterkommissionen geklärt, die den Fall medizinisch und juristisch prüften und entschieden. Diese Begutachtungsergebnisse wurden von den Betroffenen meist akzeptiert.[56] Nur wenige Patienten gingen den nächsten Schritt zum Gericht, was nicht nur an der ordentlichen Qualität der Gutachten gelegen haben dürfte, sondern auch an der Struktur des Gesundheitssystems der DDR: 99 Prozent der Ärzte waren Bedienstete in staatlichen Gesundheitseinrichtungen – (Poli-)Kliniken, Ambulatorien und staatlichen Arztpraxen, wogegen es den freiberuflich tätigen, niedergelassenen Arzt so gut wie nicht gab. Da der Staat seine angestellten Ärzte von der Haftung freistellte, war er immer der Anspruchsgegner der Patienten.[57] Im Falle eines Prozesses war die Klage somit gegen den Staat zu richten, was viele Patienten unter den damaligen politischen Verhältnissen davon abgeschreckt haben dürfte.

---

53 Riegger, a.a.O., S.134; Becker, NJ 1974, S. 422
54 Riegger, a.a.O., S. 149; Schmauss, VersR 1989, S. 664, 668
55 Riegger, a.a.O., S. 149, 150; Roehl/Wittenbeck, NJ 1972, S. 444
56 Riegger, a.a.O., S. 146; Hänlein, ArztR 2001, 315–318; Katzenmeier, Arzthaftung, S. 232
57 Riegger, a.a.O., S. 136; Hänlein, a.a.O., S. 315, 315; Schmauss, a.a.O., S. 664

Außerdem gab es eine zusätzliche außergerichtliche Regulierungsmöglichkeit für Arzthaftungsfälle – eben jene oben erwähnte erweiterte materielle Unterstützung. Auch ohne ärztliches Verschulden erhielt ein Patient Schadenersatz, falls er durch die Behandlung einen erheblichen Gesundheitsschaden erlitten hatte und dieser Gesundheitsschaden in einem krassen Missverhältnis zu dem zu erwartenden Risiko der Behandlung stand oder Folge einer ärztlichen Arzneimittelverordnung oder eines medizinischen Erzeugnisses war.[58] Allerdings wurden in den „EMU"-Verfahren meist nur niedrige Regulierungsbeträge an die betroffenen Patienten oder Hinterbliebenen gezahlt.

In **Westdeutschland** nahm ab den 50er-Jahren die Zahl der Kunstfehlerprozesse deutlich zu. Da nach wie vor spezielle gesetzliche Regelungen für das Arzthaftungsrecht fehlten, konnte und musste der Bundesgerichtshof, das höchste Zivil- und Strafgericht, die vom Reichsgericht aufgestellten Grundsätze zur Beurteilung von Behandlungsfehlern fortentwickeln und ergänzen.

Der Schwerpunkt der Entscheidungen in den 50er- und 60er-Jahren lag auf Fragen zur Aufklärungspflicht des Arztes und zur Einwilligung des Patienten in die Behandlung, wobei sein Selbstbestimmungsrecht weiter gestärkt wurde. Besonders hilfreich für die Stellung der Patienten im Kunstfehlerprozess war die Entscheidung des Bundesgerichtshofes, mehr Beweiserleichterungen zugunsten der Patienten zu schaffen, um eine Art Waffengleichheit zwischen Arzt und Patient zu gewährleisten, da den Patienten naturgemäß das medizinische Fachwissen fehlt und sie keinen Einblick hinter die Kulissen der Be-

---

58 Riegger, a.a.O., S. 144; Hänlein, a.a.O., S.315–318; Katzenmeier, a.a.O., S. 231

handlung haben, aber trotzdem mit der Beweislast für den Behandlungsfehler und dessen gesundheitliche Folgen beschwert sind.[59]

Die für Patienten nun erheblich verbesserte Rechtslage, die Berichterstattung über erfolgreiche Arzthaftungsklagen in den USA mit zum Teil sehr hohen Regulierungssummen und auch ein zunehmendes Selbstbewusstsein der Patienten gegenüber den Ärzten bewirkte seit den 70er-Jahren eine weitere deutliche Zunahme der Kunstfehlerprozesse. Hatte man die Halbgötter in Weiß, wie Ärzte immer schon teils respektvoll, teils neidisch und teils ironisch genannt wurden, in den 50er- und 60er-Jahren oft noch für schwer angreifbar gehalten, so trauten sich die Leute nun mehr und mehr zu, vor Gericht erfolgreich gegen einen Arzt zu klagen, von dem sie sich falsch behandelt wähnten. Man fühlte sich den behandelnden Ärzten auch nicht mehr so sehr wie früher persönlich verbunden oder verpflichtet, da man im Zuge einer zunehmenden Spezialisierung bei den ärztlichen Leistungen oft nicht mehr beim seit Jahren bekannten Hausarzt behandelt wurde, sondern von unbekannten Ärzten in größeren Praxen mit zahlreichen Mitarbeitern. Die Medizin wurde durch die zunehmende Technisierung immer unpersönlicher und irgendwie gesichtslos.

Der Umstand, dass immer mehr Menschen eine Rechtsschutzversicherung abschlossen, leistete zu dieser klagewütigen Entwicklung dann auch noch einen ganz wesentlichen Beitrag, weil die finanzielle Hemmschwelle für einen Arzthaftungsprozess niedriger wurde beziehungsweise ganz wegfiel.

Der Bundesgerichtshof bekam dadurch reichlich Gelegenheit – wahrscheinlich mehr als den zuständigen Richtern lieb war, das Arzthaftungsrecht weiterhin weichenstellend zu formen,

---

59 Riegger, a.a.O., S. 168

nach wie vor erkennbar um einen fairen Interessenausgleich zwischen Arzt und Patient bemüht. Zu Lasten der Behandlerseite wurden die Anforderungen an die Aufklärung verschärft. So musste nun beispielsweise auch über wirtschaftliche Aspekte der Behandlung und behandlungsbedingte Schmerzen aufgeklärt werden. Bei prozessualen Fragen verbesserte sich die Lage der Patienten ebenfalls. Es blieb zwar bei der bisherigen Verteilung der Beweislast, wonach der Patient den Behandlungsfehler und dessen Ursächlichkeit für seinen Gesundheitsschaden beweisen muss. Allerdings wurde dieser Grundsatz durch mehrere für die Patienten äußerst vorteilhafte Ausnahmen durchbrochen, wonach ärztliche Pflichtverletzungen bei der Organisation in Klinik und Praxis, bei der Dokumentation oder bei der Befunderhebung zu erheblichen Beweiserleichterungen bis hin zur Beweislastumkehr für die Patienten führen, um nur ein paar Beispiele zu nennen.

In den letzten 30 Jahren veränderte sich auch die Höhe der von den Gerichten zugesprochenen Schmerzensgeldbeträge zum Teil drastisch. Bis Anfang der 1980er-Jahre wurden nur wenige Tausend DM zugesprochen, wenn Patienten infolge eines Behandlungsfehlers (oder auch nach Verkehrsunfällen) schwerste gesundheitliche Schäden, wie zum Beispiel einen Hirnschaden mit nachfolgendem Koma und Begleitproblemen wie Harn- und Stuhlinkontinenz und Lähmung aller Extremitäten, erlitten hatten. In solchen Fällen, in denen die Patienten nur noch in einer „körperlichen Hülle" dahinvegetierten, begründeten die Richter die niedrigen Schmerzensgeldbeträge mit der haarsträubenden, beinahe an Zynismus grenzenden Feststellung, ein Komapatient bekomme ja ohnehin nichts oder fast nichts von seinem Zustand mit. Damit würden aber auch die Ausgleichs- und Genugtuungsfunktion des Schmerzensgeldes nahezu völlig entfallen, weil der schwere Gesundheitsschaden nicht ausgeglichen werden könne und der Komapatient keine

Genugtuung angesichts der Zahlung empfinden könne. Deswegen seien rein symbolische Beträge ausreichend.

Eine kühne Behauptung, bedenkt man, wie wenig wir selbst heute darüber wissen, was ein Komapatient tatsächlich wahrnimmt. In einem Arzthaftungsfall machte ich hierzu eine erstaunliche Erfahrung. Mein Mandant lag seit Jahren im Wachkoma nach einem dramatischen Narkosezwischenfall bei einer an sich nicht besonders schwierigen Operation an der Wirbelsäule. Die letzten Jahre seines Lebens wurde er zu Hause bei seiner Familie gepflegt. Seine Ehefrau erzählte Folgendes: Ihr Mann zeigte bei Kontakt mit Fremden keine Gefühlsregungen. Wenn sich allerdings seine Kinder mit ihm beschäftigten, ihm beispielsweise vorlasen, veränderte sich seine Atmung, es kam zu kleinen Spontanbewegungen. Wenn sie selbst sich zu ihrem Mann aufs Bett setzte, ihn in den Arm nahm, streichelte und ihm erzählte, was sie tagsüber alles erledigt und erlebt hatte, atmete er unruhiger und fing an zu weinen. Eine gewisse Vorsicht mit voreiligen Schlussfolgerungen zur Wahrnehmungsfähigkeit von Komapatienten ist sicher nicht verfehlt.

Mittlerweile stellt die Rechtsprechung bei Patienten mit schwerer Hirnschädigung zu der Bemessung der Schmerzensgeldhöhe auf die Zerstörung der Persönlichkeit als solche ab, unabhängig davon, was der Patient noch wahrnimmt. So sprach zum Beispiel das Landgericht Bielefeld im Jahr 2007 einem damals 41-Jährigen mit einem durch Sauerstoffmangel bedingten schwersten Hirnschaden ein Schmerzensgeld von 400.000 Euro zu. Die behandelnden Ärzte hatten ein EKG falsch beurteilt, den Patienten nicht sofort zum Herzkatheter geschickt, wesentliche Untersuchungen nicht durchgeführt und ihn nach einem Herzstillstand zu spät und unzureichend wiederbelebt. Das Thüringer Oberlandesgericht sprach im Jahr 2009 einem Kind, das wegen eines fehlerhaften, verspäteten Notkaiserschnitts von Geburt an körperlich und geistig schwerstbehindert, blind und bettlägerig war, ein Schmerzensgeld in Höhe von 600.000 Euro zu. Und das OLG Oldenburg urteilte im Jahr 2015 für einen 42-jährigen Patienten ein Schmerzensgeld von 350.000 Euro aus. Der Patient hatte sich bei einem Verkehrsunfall Rippenbrüche und eine Lungenquetschung zugezogen. Bei der Behandlung in Krankenhaus kam es infolge vermeidbarer Probleme bei der Beatmung zu einem schweren Hirnschaden, weswegen der Patient fortan im Wachkoma lag.

Unverständlich auch die gerichtliche Praxis, bei körperlichen Beeinträchtigungen wie ein- oder beidseitiger Erblindung, Gehörverlust oder Verlust des Geruchs- und Geschmackssinns, eines Armes oder Beines relativ geringe Schmerzensgelder zuzusprechen, wie folgende Beispiele zeigen. Ein 15-jähriges Mädchen hatte durch einen Verkehrsunfall einen Schädelbasisbruch, eine Gehirnquetschung und Gehörverletzung erlitten. Als dauerhafte Unfallfolgen blieben der völlige Verlust des Geruchs- und Geschmackssinns, eine Wesensänderung mit leichter Reizbarkeit und Nervosität, eine Intelligenzminderung, leichte Kopfschmerzen und leichter Schwindel. Es war ferner nicht auszuschließen, dass das Mädchen später an einer Epilepsie erkranken würde. Der Anwalt des geschädigten Mädchens beantragte ein Schmerzensgeld von mindestens 20.000 DM. Das Oberlandesgericht Nürnberg sprach ihm in Anbetracht der schweren gesundheitlichen Beeinträchtigungen 30.000 DM zu. Die beklagte Kfz-Haftpflichtversicherung legte Revision gegen das Urteil ein, worauf der Bundesgerichtshof das Urteil im Jahr 1976 kippte, soweit es dem Mädchen mehr als 20.000 DM zusprach, und die Sache an das Oberlandesgericht zurückverwies. Das Oberlandesgericht Celle sprach im Jahr 2001 einer 26-jährigen Frau umgerechnet 35.000 € Schmerzensgeld zu, die aufgrund einer Medikamentenunverträglichkeit und eines ärztlichen Behandlungsfehlers ein Bein verloren hatte. Das Oberlandesgericht Osnabrück urteilte im Jahr 2007 für einen

50-jährigen Mann, der infolge einer fehlerhaft nicht erkannten Hirnblutung beidseits erblindet war, ein Schmerzensgeld von 60.000 € aus. Angesichts der massiven Beeinträchtigung der Lebensqualität und Alltagstauglichkeit infolge solcher Gesundheitsschäden sind die zugesprochenen Beträge bei Weitem zu niedrig. Insgesamt ist in den letzten Jahren aber eine gewisse Tendenz zu erkennen, für derartige gesundheitliche Beeinträchtigungen etwas höhere Beträge zuzusprechen.

Die zunehmende Zahl der gerichtlichen und außergerichtlichen Behandlungsfehlerverfahren und die hohen Schmerzensgelder bei schwersten gesundheitlichen Beeinträchtigungen führten zwangsläufig zu einem deutlichen Anstieg der Prämien für Ärzte und Krankenhäuser bei ihren Haftpflichtversicherungen. In der Zeit von 1965 bis 1976 erhöhten sich die Prämien für einen praktischen Arzt um das Dreifache, einen niedergelassenen Chirurgen um das Viereinhalbfache und für einen Chefarzt der großen chirurgischen Fächer an einem Krankenhaus um das Fünfeinhalbfache.[60] Von 1970 bis 1974 verdoppelte sich die Prämienhöhe für Allgemeinmediziner, für frei praktizierende Chirurgen war eine Verdreifachung zu verzeichnen.[61] Im Jahre 1977 bezahlten Chefärzte in den Fächern Chirurgie, Orthopädie, Anästhesie, Gynäkologie und Urologie 5.000 bis 7.000 DM an Haftpflichtprämie pro Jahr.[62] Ende der 90er-Jahre konnte die Jahresprämie in derart risikoreichen Fächern bei einer Deckungssumme von einer Million schon bei 50.000 DM liegen.[63] Als Geburtshelfer tätige Ärzte sind mittlerweile gut beraten, sich eine Deckungssumme von mehreren Millionen Euro zu leisten.

---

60 Riegger, a.a.O., S. 192; Schewe, ArztR 1979, S. 64
61 Riegger, a.a.O., S. 193; Weyers, Gutachten zum 52.DJT, S. A1, A62
62 Riegger, a.a.O., S. 193; Weyers, a.a.O., S. A1, A61
63 Riegger, a.a.O., S. 193, Pelz, DRiZ 1998, S.473

Nebenbei bemerkt, trifft diese Entwicklung auch die Berufsgruppe der freiberuflich tätigen Hebammen äußerst hart. Sie müssen sich selbst haftpflichtversichern, was in Anbetracht der in der Geburtshilfe erforderlichen Deckungssummen für die meisten nicht mehr erschwinglich ist, weswegen viele mittlerweile die Segel gestrichen haben und nicht mehr praktizieren.

Die aktuelle Rechtslage in der Arzthaftung

Im Prinzip gilt das in den letzten Jahren und Jahrzehnten von den Karlsruher Richtern entwickelte Recht noch immer, wenngleich seit Februar 2013 das sogenannte *Patientenrechtegesetz* in Kraft ist. Es wurden nur minimale Veränderungen am bisherigen Richterrecht vorgenommen, die auf die Erfolgschancen eines klagenden Patienten keinen Einfluss haben, jedenfalls bis heute. Kritiker halten das Gesetz – wohl zu Recht – für „überwiegend politisch motiviert und unnötig"[64]. Der Gesetzgeber hat mit viel Aktionismus und Gedöns (das Lieblingswort unseres Altbundeskanzlers Schröder) etwas Überflüssiges geschaffen, ausschließlich um sich als Wahrer der Patientenrechte darzustellen, obwohl der Inhalt des Gesetzes nichts für die Patienten – außergerichtlich und im Arzthaftungsprozess – verbessert. Letztlich war es ein großes Gewese um nichts, um dem braven Bürger eine Pille ohne Wirkstoff zu verschreiben.

Trotzdem wurde in manchen Medien vor Inkrafttreten dieses Gesetzes und gleich danach palavert und palavert – noch dazu

---

64 Martis/Winkhart, Arzthaftungsrecht, S. 1217 Rdn P6; Katzenmeier, NJW 2013, S. 817, 822

oft irreführend: Leser und Zuschauer mussten insbesondere den Eindruck bekommen, dass ab diesem Zeitpunkt grundsätzlich eine Beweislastverteilung zugunsten der Patientenseite gelte. Viele Patienten riefen damals ganz aufgeregt an, sie hätten gehört bzw. gelesen, dass nun die Ärzte immer beweisen müssten, nicht falsch behandelt zu haben. Und Arztkollegen fragten alarmiert nach, ob es tatsächlich stimme, dass eine grundsätzliche Beweislastumkehr zu Lasten der Ärzte eingeführt worden sei. Der Sturm im Wasserglas legte sich nach ein paar Monaten dann wieder.

Es gilt also noch immer: Der Arzt schuldet dem Patienten eine Behandlung entsprechend den Regeln der ärztlichen Kunst bzw. dem Facharztstandard entsprechend. Vor Eingriffen muss er den Patienten rechtzeitig und in einem bestimmten Umfang unter anderem über mögliche Risiken und Komplikationen des Eingriffes aufklären. Der Patient ist nach wie vor beweispflichtig für den ärztlichen Behandlungsfehler und die Ursächlichkeit dieses Fehlers für seinen Gesundheits- und Vermögensschaden. Hierzu gibt es manchmal Beweiserleichterungen. Der Arzt muss hingegen beweisen, den Patienten ordnungsgemäß vor dem Eingriff aufgeklärt zu haben.

Arzthaftung in Kurzversion? Wenn's nur so einfach wäre! Wie so oft steckt der Teufel im Detail des Falles, in menschlichen Unzulänglichkeiten, in Dokumentationslücken im Krankenblatt, in Geldproblemen der Kläger, in der langen Verfahrensdauer bei den Gerichten und und und.

2. Kapitel
Warum werden in Deutschland so viele Arzthaftungsprozesse geführt?

I.

Nach Auskunft der Bundesärztekammer[65] stieg die Zahl der ambulanten Behandlungsfälle in Deutschland zwischen den Jahren 2004 und 2013 um 157 Millionen auf fast 700 Millionen. Die Zahl der stationären Fälle erhöhte sich zwischen 2004 und 2012 um 1,8 Millionen auf 18,6 Millionen.

Jährlich werden zigtausende Behandlungsfehlervorwürfe erhoben, von denen – grob geschätzt – 8.000 Fälle vor den Gerichten ausprozessiert, durch einen Vergleich oder durch Rücknahme der Klage beendet werden. Die meisten Verfahren spielen sich in erster Instanz vor den Landgerichten ab, wogegen die Amtsgerichte wegen der Streitwertbegrenzung bis 5.000 Euro eher von untergeordneter Bedeutung sein dürften.

Angesichts der Vielzahl an Behandlungen in Arztpraxen und Krankenhäusern und der zahlreichen Behandlungsfehlervorwürfe mag die Zahl 8.000 nicht hoch oder gar dramatisch erscheinen. Auf den ersten Blick zumindest. Aber was verbirgt sich hinter einer solchen statistischen Größe? Welche Krankheitsverläufe, Schicksale und Sorgen auf Seiten der Patienten? Welche Gewissensbisse und Selbstzweifel, welcher Ärger und welche Angst auf Seiten der beschuldigten Ärzte? Da sind nicht bloß 8.000 Prozessparteien auf beiden Seiten. Da sind von Sorgen und vom Gerichtsverfahren geplagte und gebeutelte Menschen.

---

65 Pressemitteilung der Bundesärztekammer

Viele Ärzte können sich nicht ansatzweise vorstellen, wie anstrengend und nervenaufreibend es für kranke Menschen ist, noch zusätzlich einen Arzthaftungsprozess führen zu müssen, um angemessenen Schadenersatz zu erhalten. Umgekehrt können manche Patienten nicht im Geringsten nachvollziehen, was so ein Prozess an Problemen und Sorgen für einen Arzt mit sich bringt. Ein Mediziner sagte einmal zu mir am Telefon: „Frau Anwältin, Sie sind für mich ein Albtraum. Seit Sie mich mit Ihren Vorwürfen verfolgen, schlafe ich schlecht. Meine Frau und ich machen uns Sorgen, ob die Deckungssumme bei der Haftpflichtversicherung reicht, und wenn nicht, wie es dann finanziell weitergeht. Wir haben zwei Kinder in der Ausbildung. Und ich zermartere mir den Kopf, ob ich tatsächlich da was übersehen habe. Davor hatte ich immer richtig Horror, etwas zu übersehen und ein Patient kommt zu Schaden." Nachdem ich ihm die gesundheitlichen, familiären und beruflichen Probleme meines Mandanten infolge des mutmaßlichen Behandlungsfehlers geschildert hatte, meinte er: „Um Gottes willen. Das ist ja wirklich der Horror, der richtige Horror. Ich weiß nicht, wem ich mehr Glück wünschen soll, mir oder Ihrem Kunden."

Schaut man sich also die einzelnen Schicksale der Patienten und Ärzte an, die sich vor Gericht gegenüberstehen, drängt sich natürlich die Frage auf, ob es tatsächlich unvermeidlich ist, Behandlungsfehlervorwürfe vor dem Richter zu klären. Müssen durch den Prozess selbst noch mehr Ärger und Sorgen über die Menschen kommen?

So gesehen sind 8.000 Arzthaftungsklagen doch eine ganze Menge – jedenfalls nach meiner persönlichen Überzeugung deutlich zu viel!

II.

Wie kommt es überhaupt zu so vielen Vorwürfen an die Ärzte, sie hätten falsch diagnostiziert, behandelt oder unzureichend aufgeklärt? Warum sind die Patienten und/oder ihre Anwälte so klagewütig?

Was tut man normalerweise, wenn man vermutet, dass man selbst (oder ein Angehöriger) von einem Arzt falsch behandelt wurde und nun unter den Folgen dieses mutmaßlichen Behandlungsfehlers körperlich und/oder seelisch leidet und dadurch finanzielle Nachteile in Kauf nehmen muss? Man geht zum Rechtsanwalt – entweder sofort nach Aufkeimen des Verdachtes oder später, wenn im Wege einer Begutachtung (z. B. bei einer Gutachterstelle einer Landesärztekammer oder durch den Medizinischen Dienst der gesetzlichen Krankenversicherungen) ein Behandlungsfehler bestätigt wurde und die Haftpflichtversicherung des Arztes nicht zahlen will. Oder ein Behandlungsfehler wurde gerade nicht bestätigt und der Patient will dies nicht akzeptieren. Und was tut der Rechtsanwalt? Er verklagt den Arzt normalerweise.

Normalerweise? Ist es denn wirklich normal und unumgänglich, dass Patienten mit diesen Problemen die Justiz beschäftigen? Können sich vernünftige, wohlmeinende Menschen denn nicht ohne Anwälte und Gerichte verständigen und einigen?

Wir erzählen unseren Ärzten häufig Privates und Intimes, sie sehen uns nackt und hilflos und blicken beim Operieren im wahrsten Wortsinn in unser Inneres. Manche Ärzte begleiten uns über lange Zeit, als Hausärzte oder bei der Behandlung chronischer Leiden. Und doch ist es meistens nicht möglich, bei einer Reklamation – um nichts Anderes handelt es sich bei einem mutmaßlichen oder tatsächlichen Behandlungsfehler – ohne anwaltlichen Beistand und am Ende langwierige, teure Prozesse auszukommen.

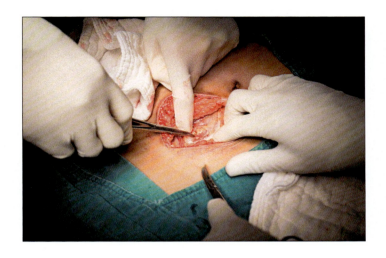

Als ich vor rund 18 Jahren anfing, mich als Rechtsanwalt mit Arzthaftung zu beschäftigen, war ich zutiefst davon überzeugt, dass Behandlungsfehlervorwürfe nicht vor Gericht gehören. Mein Ziel war es, möglichst viele Fälle außergerichtlich einer sinnvollen Lösung zuzuführen, die meine Mandanten zufriedenstellt. Damals war ich voller Optimismus, dass mir das gelingen würde. Tatsächlich habe ich es in den Jahren bis Ende 2014 geschafft, die meisten Behandlungsfehlervorwürfe außergerichtlich abzuklären und in vielen Fällen geschädigten Patienten eine angemessene Entschädigung zu verschaffen beziehungsweise Arztkollegen vor unberechtigten Vorwürfen zu schützen. In einen Arzthaftungsprozess musste ich zum Glück nicht alle Mandanten führen.

Auch heute, aus einer gewissen Distanz zu meiner Arbeit, bin ich noch immer der Meinung, dass Patienten und Ärzte sich nicht vor dem Richter treffen sollten und alles, wirklich alles versuchen müssen, um einen Prozess zu vermeiden. Wie mühsam es allerdings ist, diesen Weg zu gehen und nicht gleich eine Klage zu diktieren, hätte ich mir aber nicht träumen lassen.

Das ist eben so, wenn um Geld gestritten wird, wird mancher sagen, denn um Geld geht es ja letztlich: Schmerzensgeld für körperliche und seelische Beeinträchtigungen und bleibende gesundheitliche Schäden, Ersatz des Verdienstausfalls, der weiteren Behandlungskosten, des Haushaltsführungsschadens, des Unterhaltsschadens etc.

Aber ist das wirklich alles? Geht es den Patienten tatsächlich immer nur um den schnöden Mammon? Nein, sicherlich in den meisten Fällen nicht. Da spielen noch andere Motive eine ganz wesentliche Rolle: von Anfang an fehlendes oder verloren gegangenes Vertrauen zum behandelnden Arzt, um das Gefühl der Zurückweisung, der fachlichen und intellektuellen Unterlegenheit, um Minderwertigkeitsgefühle gegenüber dem sozialen Status des Arztes, um die Sorge, vom Dreigestirn Arzt – Krankenhausverwaltung – Haftpflichtversicherung nicht mit der Wahrheit bedient, sondern übervorteilt zu werden. Meist ist es eine Mischung aus Ängsten, verletzten Gefühlen, enttäuschten Erwartungen und finanziellen Interessen, die den Patienten in den Arzthaftungsprozess treibt. Nur eine Minderheit fällt aus dem Rahmen. Es sind wenige, bisweilen in der Tat peinlich geldgierige Leute, die fast wahllos irgendeinen ihrer Ärzte verklagen lassen wollen, weil sie sich davon schnelles Geld versprechen, was sich aber angesichts der in aller Regel langen Verfahrensdauer immer als grobe Fehleinschätzung erweist. Es kann den Gynäkologen genauso treffen wie den Zahnarzt. Diese Konsorten erkennt man recht einfach an den Dollarzeichen in den Augen – Onkel Dagobert lässt grüßen. Und dann noch eine Handvoll Querulanten – auch ein allgegenwärtiges Phänomen. Ein seriöser Anwalt wird sich in solchen Fällen wohl nicht zu einer Mandatsannahme bewegen lassen.

Geht es auch anders? Könnte ein Patient selbst das Heft in die Hand nehmen und mit seinem Arzt in einem vertraulichen Gespräch ernsthaft über den vermuteten Behandlungsfehler diskutieren? Könnte ein vertrauensvolles Gespräch zwischen Arzt und Patient zu einer Regulierung der finanziellen Schäden des Patienten führen? Leider nicht, aber warum? Es gibt zu viele praktische und rechtliche Hürden und Fallstricke für alle Seiten – bei Patienten, Ärzten und Krankenhausverwaltungen. Auf Seiten der Behandler fehlen oft Mut und Motivation, ausgetretene Pfade zu verlassen und verkrustete Strukturen aufzubrechen, weil natürlich kaum einer für etwas Neues die Verantwortung übernehmen will. Auf Seiten der Patienten fehlen das medizinische Fachwissen und der Einblick in die internen Abläufe in den Arztpraxen und Krankenhäusern. Ohne diese Kenntnisse ist ein Gespräch mit einem Arzt auf Augenhöhe aber kaum möglich.

Auch auf das Instrument der Mediation, also der außergerichtlichen Streitschlichtung unter der Leitung eines unabhängigen, erfahrenen Schlichters, wird in der Arzthaftung nicht gerne zurückgegriffen, was offenbar an einer eher ablehnenden Einstellung der Haftpflichtversicherungen zur Mediation liegt. Ein Gerichtsverfahren scheint in ihren Augen oft vorteilhafter als eine Schlichtung.

Interessanterweise beklagen sich Ärzte, Haftpflichtversicherungen und Patienten gleichermaßen darüber, dass es viel zu häufig erst zu einem Gerichtsverfahren kommen muss, bis ein Behandlungsfehlervorwurf geklärt werden kann, und sie schieben die Verantwortung für diese Misere ganz selbstverständlich den anderen in die Schuhe. Es menschelt eben.

III.

Was aber läuft konkret falsch? Was kann man verbessern? Was sollten Ärzte und Patienten tunlichst unterlassen?

Im Ergebnis ist es vor allem ein Problem unzureichender und ungeschickter Kommunikation und des fehlenden Vertrauens zwischen Arzt und Patient – mit sehr vielen Facetten. Darin liegt der Schlüssel für die Beantwortung der Frage, ob es überhaupt zu einem Behandlungsfehlervorwurf kommen muss und, falls ja, ob die Weichen in Richtung außergerichtliche Regulierung oder Arzthaftungsprozess gestellt werden.

Sie können sich gar nicht vorstellen, wie viele Ärzte ihre Patienten erst auf die Idee bringen, ja geradezu provozieren, einen Behandlungsfehlervorwurf zu erheben oder Klage einreichen zu lassen, und wie sehr die Patienten in diesem Vorhaben dann noch von weiteren ungeschickten Verhaltensweisen ihrer Mitarbeiter, der Krankenhausverwaltungen oder Haftpflichtversicherungen bestärkt werden.

Aber auch so mancher Patient macht sich durch eigenwilliges Taktieren mehr Probleme als nötig. Viele Leute haben ein bemerkenswertes Geschick dafür, ihren Ansprüchen selbst mehr im Weg zu stehen als Arzt und Haftpflichtversicherung zusammen.

Es stehen genügend Fettnäpfchen am Wegesrand, in die nur allzu gerne getreten wird. Hier die Klassiker:

Ärzte haben häufig zu wenig Zeit für ihre Patienten – auf der Strecke bleibt die Vertrauensbildung zwischen Patient und Arzt

Der ganz normale Wahnsinn im Bereich der **ambulanten** Versorgung – das brechend volle Wartezimmer beim Hausarzt oder die quälend lange Wartezeit in der Ambulanz einer Klinik. Wird man dann endlich ins Sprechzimmer vorgelassen, geht alles meist ganz schnell. Ein kurzer Händedruck, wenn überhaupt, ein paar kurze Fragen, eigentlich wenig Zeit, zu schildern, wo es weh tut, und der Doktor schaut bei alldem immer auf seinen Bildschirm und tippt gleich dazu etwas in den PC. Das dauert – gefühlt – etwa fünf Minuten, wobei in dieser Zeit mindestens zweimal das Telefon klingelt oder der Funk piepst, weil die Helferin etwas wissen will oder der Arzt schleunigst zu einem anderen Patienten gehen soll. Zum Schluss der Satz: „Draußen gibt's das Rezept, gute Besserung" und dann: „Tschüss. Der Nächste bitte."

War das früher auch schon so? Nein, früher wurde man als Kranker nicht überall so schnell abgefertigt. Natürlich gab es auch vor 30, 40 Jahren überfüllte Arztpraxen mit gehetzten Ärzten, die Patienten wie am Fließband behandelten. Da waren die „Kassenlöwen", die mit einer unglaublichen Krankenscheinzahl pro Quartal heutzutage unvorstellbare Arzthonorare erzielten. Damals gab es hierzu aber Alternativen für die Patienten dank einer größeren Zahl niedergelassener Ärzte. War man mit dem Internisten X nicht zufrieden, weil er sich partout keine Zeit für eine sorgfältige Diagnostik nehmen wollte oder weil die Chemie mit ihm nicht stimmte, konnte man zum Kollegen Y gehen, von dem man Gutes gehört hatte. Heute fehlen oft solche Alternativen.

Woher kommt dieser Zeitmangel? Warum werden wir straff getaktet durch die Arztpraxen geschleust und von genervten

Ärzten im Express-Tempo behandelt? Die Antwort ist einfach. Wir haben zu wenig niedergelassene Ärzte, in den Städten, aber vor allem in ländlichen oder aus irgendwelchen Gründen unattraktiven Gegenden. Erstaunlicherweise werden unsere Politiker nicht müde, uns über alle Medien zu erklären, wie hervorragend die medizinische Versorgung hierzulande doch ist. Manchmal frage ich mich, ob diese Herrschaften im selben Land wie ich leben. Versuchen beispielsweise gesetzlich krankenversicherte Patienten wegen akuter Rückenschmerzen einen Termin beim Arzt zu vereinbaren, erklärt eine schon vormittags völlig entnervte Arzthelferin am Telefon, dass der nächste Termin erst in sechs oder acht Wochen frei ist. Wer als Privatpatient oder Selbstzahler denselben Versuch startet, muss „nur" ein oder zwei Wochen warten. Auf die Frage, was man in der Zwischenzeit denn machen soll als schmerzgeplagter Mensch, heißt es lapidar: „Ja nehmen S' halt eine Ibuprofen oder rufen S' woanders an." Na toll! Ein Bekannter erzählte mir, er müsse beim Kinderarzt für seinen kleinen Sohn bereits im Februar einen Termin für Juni vereinbaren, da ansonsten die nächste Vorsorge-Untersuchung nicht rechtzeitig durchgeführt werden kann. Und wer als Kassenpatient einen neuen Hausarzt sucht, hört beinahe reflektorisch am Telefon, dass die Praxis keine neuen Patienten mehr nehmen kann, weil sie ohnehin schon von zu vielen Patienten überrollt wird. Auch hierzu kommt die nette Empfehlung, man möge sein Glück doch woanders versuchen.

    Aber warum praktizieren so wenige Ärzte, dass die Wartezeiten auf Termine in manchen Praxen mittlerweile nicht mehr zumutbar sind? Das hat nun ganz unterschiedliche Gründe. Zum einen haben seit Jahren immer weniger Ärzte im „niederlassungsfähigen Alter" Anfang oder Mitte 30 Lust, sich eine Praxis aufzubürden mit all dem Stress und der Verantwortung, die mit einer Niederlassung verbunden sind. Die jungen Ärzte wollen nicht täglich zehn Stunden oder noch länger Patienten in der Praxis behandeln, Hausbesuche machen und abends, am Wochenende und an Feiertagen Verwaltungsarbeiten erledigen. Die Work-Life-Balance misst heutzutage Freizeit, Erholung und Familie erheblich mehr Bedeutung bei als früher. Sich beruflich mit Haut und Haar zu engagieren, ist für viele junge Kollegen keineswegs mehr erstrebenswert. Vor allem aber macht schon seit Jahren eine haarsträubende Gesundheitspolitik eine Niederlassung in eigener Praxis immer unattraktiver. Alle naslang gelten neue Regelungen zur Abrechenbarkeit ärztlicher Leistungen und Honorarverteilung. Eine Planungssicherheit über einen Zeitraum von wenigstens zehn Jahren gibt es längst nicht mehr, was größere Investitionen, die häufig am Anfang einer Niederlassung erforderlich sind, zu riskant macht. Viele Ärzte zucken vor der Eröffnung oder Übernahme einer Praxis zurück aus Angst, sich in ein finanzielles Abenteuer mit ungewissem Ausgang zu stürzen. Und dann der ewige Ärger mit den Regressforderungen der Kassenärztlichen Vereinigung! Auch die mittlerweile teilweise lächerlichen Honorare für ärztliche Leistungen in einigen Fachgebieten locken nicht unbedingt, sich niederzulassen. Viele Arztkollegen sehen sich – zu Recht – längst nicht mehr angemessen bezahlt. Angemessen, wenn man die lange Ausbildung, die an der Gesundheit zehrenden täglichen Arbeitszeiten, die Arbeitsdichte während der Sprechstunden und natürlich die Verantwortung für die Patienten berücksichtigt. Wann hört die Gesundheitspolitik endlich auf, das Gesundheitssystem auf Kosten unserer niedergelassenen Ärzte gesund zu sparen?! Dieses System hat es zweifellos bereits geschafft, die Versorgung der Bevölkerung mit Arztpraxen konsequent und schmerzlich auszudünnen. Schon bitter, wenn man bedenkt, wofür unsere Gesellschaft in den letzten Jahren und Jahrzehnten Geld zum Fenster hinausgeworfen hat und dies heute noch tut.

Auch bei der **stationären** Versorgung ist Zeit für die Beschäftigung mit Patienten inzwischen Mangelware. „Im Augenblick ist kein Arzt auf Station" oder „dem Doktor pressiert es", heißt es leider immer öfter auch in den Krankenhäusern, will man als Patient oder Angehöriger mit einem Arzt reden. Auch hier hakt es am Geld. Aus Kostengründen wurden in den letzten Jahren Tausende Arztstellen abgebaut, Stationen geschlossen, Kliniken komplett dichtgemacht. Krankenhäuser sollen nicht mehr primär dem Zweck dienen, Krankheiten zu erkennen und zu heilen, sondern für die Krankenhausträger möglichst hohen Gewinn abwerfen. Selbst in den Universitätskliniken sollen, wenn es nach den Vorstellungen der kaufmännischen Leiter geht, schwarze Zahlen geschrieben werden. Was die Ökonomen dabei offenbar ausblenden, ist der Forschungs- und Bildungsauftrag der Uni-Kliniken und natürlich auch die Tatsache, dass Universitätskliniken als Krankenhäuser mit dem höchsten medizinischen Standard von Patienten aufgesucht werden, die besonders aufwendig zu diagnostizierende und zu therapierende Erkrankungen haben. Solche schwierigen Fälle kosten nicht selten mehr Geld, als sie in die Kasse einspielen, und sind der kaufmännischen Leitung in der Regel ein Dorn im Auge. Chefärzte, die sich sterbenskranker Patienten intensiv annehmen, um ihr Leben zu verlängern oder ihnen einfach für die letzte Zeit noch ein bisschen Lebensqualität zu verschaffen, müssen gegen besonders harsche Widerstände kämpfen. Beliebt bei den Ökonomen sind dagegen Abteilungen, die Knie- oder Hüftprothesen implantieren. Das bringt wenigstens Geld! Ein Chirurg erzählte mir kürzlich, der kaufmännische Direktor habe ihm vorgeworfen, seine stundenlangen, schwierigen Operationen wären ein Verlustgeschäft. Er leide wohl an einem „Helfersyndrom". Ja, zum Glück gibt es solche Ärzte, die nicht nur am Fließband Knie operieren (nichts für ungut, liebe Orthopäden!), sondern auch lebensbedrohliche Erkrankungen operativ behandeln und den Patienten *Lebenszeit* schenken!

Da in den letzten Jahren aus wirtschaftlichen Gründen zu viele Assistentenstellen gestrichen wurden und sich gleichzeitig der Durchsatz der Patienten wegen der heute kürzeren Verweildauer im Krankenhaus erhöht hat, wird man bereits bei der Aufnahme auf einer Station ärztlicherseits meist kurz abgefertigt. Früher folgte nach der Aufnahme durch das Pflegepersonal ein Gespräch mit dem Arzt zum Zweck einer ausführlichen Anamnese. Daran anschließend gab es den schönen Brauch einer gründlichen körperlichen Untersuchung am bis auf die Unterhose entkleideten Patienten, die in einem hierzu vorgesehenen Bogen sorgfältig dokumentiert wurde. Eine gute Sache eigentlich. Seit Jahren finden in vielen Kliniken diese Untersuchungen nur noch in einer Ultrakurzversion statt. Die Bögen bleiben an vielen Stellen beunruhigend unbeschrieben – nur wenige Eintragungen, wie z. B. Messwerte für Blutdruck und Puls. Heutzutage dauern Anamneseerhebung plus körperliche Untersuchung oftmals nur vier, fünf Minuten, was in vieler Hinsicht bedenklich ist. Zum einen haben junge Ärzte hierdurch wenig Gelegenheit, Erfahrung zu sammeln. Wer in der Facharztausbildung nicht täglich kranke Menschen gründlich untersucht, lernt nicht, wie sich eine vergrößerte oder verkleinerte Leber beim Tasten anfühlt, wie sich bestimmte Herzgeräusche oder eine Lungenentzündung anhören, wie eine Gesichtsnervenlähmung aussieht oder woran man eine Hirnhautentzündung erkennt. Und wer wenig weiß, weil er zu wenig Erfahrung sammelt, läuft leicht Gefahr, Fehler zu machen, da er Symptome und Krankheiten übersieht, die er eigentlich erkennen könnte und müsste.

Seit geraumer Zeit gibt es aber noch ein anderes Phänomen: Viele Patienten und ältere Arztkollegen berichten, dass die jungen Ärzte die Kranken *nicht anfassen wollen*, was ich zunächst nicht glauben wollte. Ich selbst habe seinerzeit von meinen Ausbildern und Chefs zu hören bekommen, dass eine ordentliche Anamnese und gründliche körperliche Untersuchung die unverzichtbare Grundlage für jeden weiteren diagnostischen und therapeutischen Schritt sind. Daran haben wir Weißkittel uns damals gehalten. Mir persönlich hat es auch Spaß gemacht, Patienten zu untersuchen. Der menschliche Körper ist eine wahre Fundgrube für allerlei interessante und überraschende Befunde und Symptome. Mit dieser Einstellung war ich aber nicht alleine. Die anderen Kollegen „tickten" genauso. Mittlerweile scheint sich in der Mentalität vieler Mediziner allerdings Grundlegendes geändert zu haben. Es gibt sie tatsächlich: Ärzte, die eine körperliche Untersuchung kranker Menschen scheuen wie der Teufel das Weihwasser. Bevor man dem Patienten mit dem Stethoskop ordentlich Herz und Lunge abhört, schickt man ihn lieber zum Herz-Ultraschall, zum Röntgen und zur Computertomographie, dann muss man wenigstens nicht hin fassen! Diese ärztliche Distanzierung vom menschlichen Körper finde ich äußerst befremdlich. Ich meine, wer als Arzt Berührungsängste – im wahrsten Sinne des Wortes – bei kranken Menschen hat und Kranke schlichtweg nicht anfassen mag, um sie zu untersuchen, sollte ernsthaft darüber nachdenken, ob er den richtigen Beruf ergriffen hat.

Abgesehen vom persönlichen Lern- und Erfahrungseffekt für den Arzt bringt eine gründliche körperliche Untersuchung des Patienten bei seiner Aufnahme auch Symptome und Befunde ans Licht, wegen denen der Patient zwar nicht gekommen ist, die aber unter Umständen abklärungsbedürftig sind, weil sie auf eine ernsthafte oder gar lebensbedrohliche Erkrankung hinweisen. Man könnte auf diese Weise Schaden vom Patienten abwenden. Könnte man, wenn man denn so vorgehen würde! Und wenn ein derartig verantwortungsvolles Vorgehen auch seitens der kaufmännischen Leitung der Krankenhäuser erwünscht wäre und gefördert würde. Die Realität sieht hier allerdings anders aus. Eine erfahrene Oberärztin meinte unlängst hierzu mit einem feinen Lächeln, dass so etwas eigentlich gar nicht gewünscht wird „oben". Wo käme man denn da hin, wenn jeder Arzt beim Untersuchen noch mehr „behandlungsbedürftige, kostenaufwändige Baustellen" entdecken würde? Solche zusätzlichen Fässer sollen gar nicht erst aufgemacht werden.

Wenn nun kranke Menschen von den Ärzten in Praxen und Krankenhäusern nur noch zeit- und kostensparend ohne lange Gespräche und möglichst berührungsfrei durchgeschleust werden, kann sich zwischen Arzt und Patient kein **Vertrauen** entwickeln, die immer noch wichtigste Voraussetzung für eine gedeihliche Arzt-Patient-Beziehung! Nur wer Vertrauen zu seinem Arzt hat, erzählt ihm alles, was dieser für Diagnostik und Therapie wissen muss. Wer seinem Arzt vertraut, hält sich eher an dessen Empfehlungen (neudeutsch: bessere Compliance). Wer Vertrauen zu seinem Arzt gefasst hat, entwickelt oft auch eine gewisse Sympathie für den Menschen im weißen Kittel. Und was passiert, wenn dieser sympathische, gründliche, verlässliche Arzt nun möglicherweise einen Fehler gemacht hat? Erfahrungsgemäß haben die meisten Patienten Verständnis dafür, dass selbst einem „guten" Arzt, zu dem sie Vertrauen gefasst haben, ein Fehler unterlaufen kann. Schließlich hat er sich ja bemüht. Nobody is perfect. Die Frage, ob man gegen einen solchen Doktor juristisch vorgehen soll, wird von den Patienten häufig zunächst verneint. Manche werden dann durch äußere Einflüsse umgestimmt. Sehr viele Patienten stehen aber einer Klage gegen einen Arzt, dem sie vertrauen, weil er sich wirklich intensiv um sie gekümmert hat, reserviert oder ganz ablehnend gegenüber.

Der kluge Medicus in Klinik oder Praxis nimmt sich zu Beginn jeder Arzt-Patient-Beziehung genügend Zeit für den kranken Menschen. Eine gut investierte Zeit, die später helfen kann, einen Arzthaftungsfall im Keim zu ersticken oder zumindest außergerichtlich zu regulieren. Kommt es dagegen zu einem Kunstfehlerprozess, wird sich der Doktor noch viel mehr Zeit nehmen müssen, um die Vorwürfe zu entkräften – eine garantiert schmerzhafte Erfahrung: lange Gespräche mit dem Sachbearbeiter der Haftpflichtversicherung, Vorwürfe von der Krankenhausverwaltung, peinliche Rechtfertigung für eigene Fehler oder die der Mitarbeiter, Androhung arbeitsrechtlicher Konsequenzen, entnervendes Lesen von Schriftsätzen des eigenen und gegnerischen Anwalts, quälende Stunden in der Gerichtsverhandlung, in der dann, wie es der Teufel will, auch noch ein Pressevertreter sitzt, der am nächsten Tag darüber berichtet.

Erfreulicherweise schaffen es auch heutzutage trotz der beschriebenen, schwierigen Gesamtumstände doch manche Kollegen in der Praxis und im Krankenhaus, sich für ihre Patienten Zeit zu nehmen, eine ordentliche Anamnese zu erheben, eine gründliche körperliche Untersuchung durchzuführen und dem Patienten mit der gebotenen Ausführlichkeit zu erklären, wie es nun weitergeht mit der Behandlung. Sie vermitteln den Patienten die beruhigende Überzeugung, dass man sich ihrer Krankheit und Beschwerden annimmt und ihnen helfen will, so gut es geht unter den jetzigen Rahmenbedingungen im Gesundheitssystem.

Übrigens bewahrheitet sich im Krankenhaus immer wieder das alte Sprichwort vom Fisch, der vom Kopf her stinkt. Wird die Klinik oder Abteilung von einem engagierten, verantwortungsvollen Chefarzt geführt, legen auch seine Mitarbeiter die gehörige Sorgfalt den Patienten gegenüber an den Tag. Ganz anders jedoch, wenn der Chef selbst den Schlendrian vorlebt und toleriert.

Verharmlosung von Risiken und Komplikationen beim Aufklärungsgespräch

„Das wird halb so schlimm wie Sie denken", „Das ist ja nur ein Routineeingriff" oder „Keine Sorge, wir machen das jeden Tag vier- oder fünfmal" hört so mancher Patient, wenn er vor einer Operation, einer Darmspiegelung oder Krampfaderverödung vom Arzt über die möglichen Risiken und Komplikationen des Eingriffes aufgeklärt wird. Aus Sicht der Ärzte mag das mit der Routine schon stimmen. Für sie ist es tatsächlich nur das Alltagsgeschäft, nichts Besonderes. Manche Ärzte erwecken bei den Patienten auch den Eindruck, dass die Aufklärung nur eine lästige Pflicht ist, die der Ärzteschaft von den verkniffenen Juristen auferlegt wurde, der man allerdings – wohl oder übel – irgendwie nachkommen muss. Solche Redensarten sind aber brandgefährlich, weil sie die mit dem Eingriff einhergehenden Gefahren verharmlosen und dem Patienten den falschen Eindruck vermitteln, dass – salopp gesagt – erstens nichts schiefgehen kann und zweitens der erwartete Heilerfolg eintreten wird. Wer so daherredet, gibt in den Augen des Patienten, der in aller Regel ein medizinischer und juristischer Laie ist, eine Art Erfolgsgarantie ab. Treten dann doch Komplikationen auf oder ist der Patient nach dem Eingriff nicht so gesund, wie er sich das erhofft hat, ist der Ärger vorprogrammiert. Die Wahrscheinlichkeit, dass der enttäuschte Patient an einen Behandlungsfehler denkt, ist hoch.

Als Arzt sollte man niemals Risiken und Komplikationsmöglichkeiten bagatellisieren und dem Patienten keine zu großen Hoffnungen auf einen weitgehenden oder kompletten Heilerfolg machen. Geht alles gut, umso besser. Gibt es Probleme, ist die Enttäuschung beim Patienten nicht gar so groß.

Besonders wichtig ist eine schonungslose Aufklärung vor Schönheitsoperationen, die nicht nur Risiken und Komplikationsmöglichkeiten beinhalten muss, sondern natürlich auch den ehrlichen, deutlichen Hinweis, dass das kosmetische Ergebnis vielleicht nicht so ansprechend ausfällt wie erhofft. Dies gilt für Nasenkorrekturen, Brustoperationen oder Fettabsaugungen gleichermaßen. Leider inszenieren sich manche Arztkollegen vor Schönheitsoperationen als Super-Spezialisten, denen praktisch jeder Eingriff perfekt gelingt. Das einzig Perfekte ist aber oft nur ihre Rechnung. Man kann den Patienten nur raten, diesen Leuten nicht auf den Leim zu gehen und ihre Selbstdarstellung äußerst kritisch zu hinterfragen.

Die Durchführung (noch) nicht indizierter Operationen

In keinem anderen Land werden so viele Hüft- und Knieoperationen durchgeführt wie in Deutschland. Dabei werden jährlich rund 200.000 Hüftgelenksprothesen und etwa 170.000 künstliche Kniegelenke eingesetzt.

Woher kommt dieser Implantationseifer der deutschen Ärzteschaft? Ein Grund ist sicher der viel zitierte demographische Wandel. Die Menschen werden immer älter und haben dabei Gelegenheit, Hüft- und Kniegelenksbeschwerden zu entwickeln, die einer prothetischen Versorgung bedürfen. Der Anteil der älteren und alten Menschen an der Gesamtbevölkerung ist in den letzten Jahrzehnten stetig gestiegen. Hinzu kommen der medizinische Fortschritt und ein insgesamt hohes Leistungs- und Versorgungsniveau in der Medizin hierzulande. Eine weitere Ursache ist aber sicherlich die Zunahme des wirtschaftlichen

Drucks auf die Krankenhäuser seit der Einführung des DRG[66]-Abrechnungssystems. Eine Möglichkeit, die Einnahmen einer Klinik elegant zu erhöhen, stellt die Ausweitung der Indikation für das Einsetzen von Hüft- und Kniegelenksprothesen dar. Auch für niedergelassene Ärzte sind solche Operationen wirtschaftlich interessant und daher bei ihnen äußerst beliebt.

Wen wundert es da, dass viele Prothesen ohne wirkliche Indikation eingesetzt werden, also den Patienten eine unnötige Implantation aufgeschwatzt wird?

---

66 DRG: Diagnosis Related Groups (deutsch: diagnosebezogene Fallgruppen) bezeichnen ein pauschaliertes Abrechnungsverfahren, mit dem Krankenhausfälle (Patienten) anhand von medizinischen Daten bestimmten Fallgruppen zugeordnet werden. Das Fallpauschalensystem wurde 2003 in Deutschland eingeführt.

Für die Krankenversicherungen der Betroffenen ist es „nur" ein wirtschaftliches Problem, wenn ihren Versicherten eine Prothese verpasst wird, obwohl sie eigentlich (noch) keine bräuchten.

Für manche Patienten beginnt nach der Implantation allerdings geradezu ein Leidensweg, wenn es zu Protheseninfekten kommt, wenn sich die Prothese lockert, wenn die Prothese nicht gut eingepasst ist oder gar das fasche Modell ausgewählt wurde.

Sobald diese Patienten erfahren, dass es nicht oder noch nicht nötig gewesen wäre, die Prothese einzusetzen, erheben sie postwendend den Vorwurf des Behandlungsfehlers, wie ich dies öfter erlebt habe. Durchaus nachvollziehbar, wie ich meine.

Manche Ärzte scheuen das Gespräch mit den Patienten, wenn ein Behandlungsfehler im Raum steht

Oft erzählten Patienten, sie hätten vergeblich versucht, mit dem betroffenen Arzt über ihren Behandlungsfehlerverdacht zu sprechen. Der Doktor sei sofort ausgewichen und habe das Gespräch in eine andere Richtung gelenkt. Andere berichteten, sie hätten das Thema kurz bei einem Telefonat mit der Arzthelferin angesprochen, dann aber keinen Besprechungstermin mehr beim Arzt bekommen. Einige Ärzte lehnten sogar die Weiterbehandlung des Patienten ab mit der Begründung, sie seien „rechtlich" dazu nicht mehr in der Lage, was immer das bedeuten sollte. In zwei mir bekannten Fällen wurden Patienten von Oberärzten rüde beschimpft, weil sie diesen Verdacht geäußert hatten. Wieder andere Kollegen meinten, sie dürften mit dem Patienten nicht über einen mutmaßlichen Fehler sprechen, da sie sonst ihren Versicherungsschutz verlieren würden, was natürlich Unfug ist. Es menschelt arg bei der Frage, wie man mit dem Vorwurf eines möglichen Behandlungsfehlers souverän umgeht.

Erfreulicherweise gibt es auch Kollegen, die sich in solchen Situationen vorbildlich verhalten. Oder sollte man sagen, „normal" verhalten? Sie weichen einem persönlichen Gespräch mit dem Patienten nicht aus, erkundigen sich nach dessen Befinden und fragen, ob sie als Arzt etwas für ihn tun können. Sie äußern ihr Bedauern, dass es zu diesem Ereignis gekommen ist, das vom Patienten offenbar nun als ärztlicher Fehler gedeutet wird, und versprechen, sich mit diesem mutmaßlichen Fehler in Ruhe zu befassen und danach nochmals mit dem Patienten zu reden.

Solche Äußerungen sind kein Schuldeingeständnis, setzen keinesfalls den Versicherungsschutz aufs Spiel, und der Arzt vergibt sich nichts dabei. Vielmehr bleibt er Herr der Situation, kann im Detail erfragen, worin denn sein fehlerhaftes Vorgehen liegen soll und was der Patient nun von ihm erwartet. Sehr viele Patienten wollen überhaupt nichts anderes, als dem Arzt sagen: Doktor, Sie haben hier etwas falsch gemacht. Andere wollen ein bisschen Anteilnahme und Mitleid erheischen. Mit ein wenig Lebenserfahrung und Fingerspitzengefühl sollte jeder Arzt dies richtig einschätzen können.

Was aber, wenn sich ein Arzt wie oben geschildert verhält und den Patienten kühl zurückweist? Der Patient fühlt sich vor den Kopf gestoßen, ist enttäuscht. Wie wir nur zu gut wissen, folgt auf Frustration die Aggression. Der Patient ist wütend über das in seinen Augen unangebrachte Benehmen des Arztes. Und wie macht man heutzutage seiner Wut Luft, noch dazu, wenn man über eine Rechtsschutzversicherung verfügt? Man geht zum Anwalt, will es dem Doktor heimzahlen. Die Patienten erzählen das ganz offen. Sätze wie „Ich hätte ja bloß hören wollen, dass er sich erkundigt, wie es mir geht" habe ich bestimmt mehrere Hundert Male gehört. Solche Haftungsfälle sind ärztlicherseits hausgemacht, obwohl sie mit allerhöchster Wahrscheinlichkeit mit etwas Takt und menschlicher Anteilnahme vermieden werden können.

Der Maulkorb für Ärzte durch die Krankenhausverwaltung bzw. Rechtsabteilung

Wenn Patienten nach einer komplikationsreichen Behandlung im Krankenhaus einen Behandlungsfehler vermuten, versuchen manche Mitarbeiter der Krankenhausverwaltung, oft die Juristen des Hauses, ein klärendes Gespräch zwischen Arzt und Patient oder Angehörigen (mit oder ohne anwaltliche Begleitung) um jeden Preis zu verhindern.

Ich habe in einigen Fällen ein vertrauliches Gespräch vorgeschlagen, an dem der betreffende Arzt beziehungsweise sein Vorgesetzter, ein Mitarbeiter der Rechtsabteilung, der Patient und ich teilnehmen sollten. An diesem runden Tisch sollte der

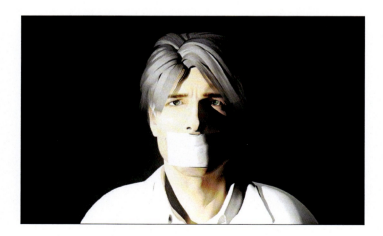

Patient Gelegenheit haben zu formulieren, weshalb aus seiner Sicht ein Fehler vorliege und welche gesundheitlichen Folgen dieser Fehler für ihn habe. Ich würde ihm dabei medizinische und juristische Argumentationshilfe geben. Der Arzt sollte seine fachliche Sicht der Dinge darlegen und der Vertreter der Rechtsabteilung aufpassen, dass sein Doktor sich nicht um Kopf und Kragen und die Klinik um den Versicherungsschutz reden würde. Erstaunlicherweise wurde dieser Vorschlag immer abgelehnt mit dem Argument, die Versicherung würde dies ausdrücklich verbieten und/oder die Ärzte wären dazu nicht bereit. In allen Fällen war das frei erfunden. Wie mir die betroffenen Ärzte am Telefon vertraulich erzählten, waren nur die Vertreter der Rechtsabteilung zu diesem Gespräch nicht bereit. Ich wurde von diesen Doktoren um absolute Diskretion gebeten, weil sie sonst großen Ärger zu erwarten hätten. Ein paar Mal bestätigten mir auch die zuständigen Sachbearbeiter der Haftpflichtversicherung, keinesfalls Bedenken gegen einen solchen runden Tisch zu haben.

Auch in den Etagen der Rechtsabteilungen der Kliniken sollte ein Umdenken stattfinden: weg von der grundsätzlichen Ablehnung, mit Patienten und ihren Anwälten zu reden, hin zur Bereitschaft, beide Seiten zu Wort kommen zu lassen. Eine gute Gelegenheit, dem Patienten zu zeigen, dass man seine Beschwerden und Vorwürfe ernst nimmt und an einer Lösung des Problems interessiert ist. Auch das schafft **Vertrauen** (schon wieder das Zauberwort!) und erhöht die Hemmschwelle beim Patienten, einen Prozess anzufangen.

Die Besprechung schwerer Komplikationen ist ausnahmslos Chefsache

Wenn ernsthafte Komplikationen eintreten, beispielsweise ein Patient nach einer Operation ins Koma fällt oder verstirbt, werden die Angehörigen gequält von einer Mischung aus Schmerz und Fassungslosigkeit.

Sie können nicht begreifen, dass dieses Unglück passiert ist, und fragen natürlich, wie es passieren konnte. Nur allzu verständlich. In dieser verzweifelten Situation reicht es nicht aus, dass sich ein noch in der Facharztausbildung befindlicher Arzt oder ein Oberarzt mit den Familienmitgliedern unterhält. Gefragt ist nun die Leitfigur mit der größten Fachkompetenz und Autorität: der Chefarzt. Seine Erklärung der Abläufe hat Überzeugungskraft, weil ihm die meiste Erfahrung zugesprochen wird. Durch ein ausführliches Gespräch zeigt er seine Bereitschaft, den Angehörigen etwas für ihn sehr Wertvolles zu schenken – ein äußerst knappes Gut: seine Zeit. Wie jeder weiß, hat der Chef einer Abteilung oder Klinik viel,

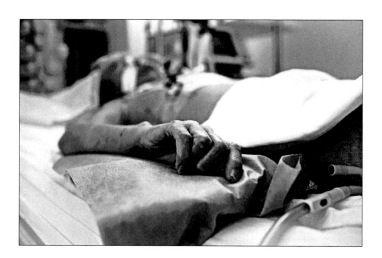

oft zu viel um die Ohren: Behandlung der Patienten, Ausbildung der Assistenzärzte, Verwaltungsaufgaben, Betreuung von Promotionen und Habilitationen, Forschung, Teilnahme an nationalen und internationalen Kongressen, Verfassen von Veröffentlichungen oder Vorbereitung und Halten von Vorlesungen, um nur ein paar Beispiele zu nennen. Es ist Balsam auf die Wunden der Angehörigen, wenn sich dieser viel beschäftigte, renommierte Arzt für sie Zeit nimmt, um zu erklären, warum der Patient in diese missliche Situation gekommen ist. Solch ein Gespräch baut **Vertrauen** (schon wieder!) auf – nicht nur zum Chefarzt, sondern dann auch zu den anderen behandelnden Ärzten.

Unverständlich, dass sich manche Chefs solchen Gesprächen entziehen, stattdessen einen Oberarzt oder Stationsarzt mit den Angehörigen sprechen lassen. Dies befriedigt ganz und gar nicht deren Bedürfnis nach maximaler Kompetenz und Autorität und gibt ihnen darüber hinaus das enttäuschende Gefühl, dass sie selbst und das Schicksal des Patienten unwichtig sind. Ein idealer Nährboden für einen Behandlungsfehlerverdacht mit folgendem Arzthaftungsprozess!

Arzthelferinnen und Pflegepersonal sollten sich nicht einmischen

Wie oft wurde das berichtet! Wenn Patienten oder Angehörige einem niedergelassenen Arzt oder einem Doktor in der Klinik einen Behandlungsfehler vorwerfen, rumort es natürlich auch unter den Arzthelferinnen beziehungsweise dem Pflegepersonal.

Die einen ergreifen Partei für die Arztseite, sei es aus Loyalität, sei es, weil sie den betreffenden Patienten oder seine Anverwandten aufdringlich oder unsympathisch finden, weil sie davon überzeugt sind, dass objektiv kein Fehler passiert ist oder weil sie aus Angst vor persönlichen Nachteilen lieber vorsorglich dem Doktor den Rücken stärken. Diese Unterstützung zeigen sie dann prompt gegenüber dem Patienten oder den Angehörigen – leider nicht selten sehr ungeschickt und kontraproduktiv. Manche bedrängen die Patienten geradezu, ihren Vorwurf fallen zu lassen, indem sie nachdrücklich darauf hinweisen, wie viel der Doktor doch gerade für sie/ihn getan hat, wie sehr er sich bei dieser oder jener Gelegenheit für sie/ihn eingesetzt hat. Man dürfe doch nicht so undankbar sein. Die Patienten müssen sich dann gegenüber einer Arzthelferin oder einem Pfleger für ihren Behandlungsfehlerverdacht geradezu rechtfertigen oder gar entschuldigen. Das kommt nicht gut an, weil die Leute natürlich merken, dass man ihnen um jeden Preis ein schlechtes Gewissen einreden und sie in die „Pfui-Ecke" stellen will. Eine andere unglückliche Variante ist Spott und Arroganz nach dem Motto: Sie glauben doch nicht wirklich, dass Sie unserem Dr. Soundso einen Fehler nachweisen können? Wir machen hier eine besonders gute Medizin usw. Der Patient fühlt sich wie ein Dummkopf und von oben herab abgekanzelt. Das führt in der Regel zu Wut, die sich entladen muss. Ich habe häufig Formulierungen gehört wie „Ich bin mir vorgekommen wie ein dummer Schuljunge!" oder „Was glauben die eigentlich, wer sie sind?" Auch das Schmollen ist eine Form unzuträglichen Verhaltens: Pflegepersonal oder Arzthelferinnen reden nur das Allernötigste mit dem Patienten und vermeiden demonstrativ Blickkontakt. Man spielt – quasi stellvertretend für den Arzt – beleidigte Leberwurst, was auch nicht hilfreich ist.

Andere Mitarbeiter ergreifen dagegen aus ganz unterschiedlichen Gründen Partei für die Patientenseite. Manche aus Mitleid, weil der Patient massive Beschwerden infolge des mutmaßlichen Fehlers hat oder dies zumindest behauptet. Einige nutzen solche Gelegenheiten, um endlich eine offene Rechnung mit ihrem Arbeitgeber oder Chef in der Abteilung zu begleichen, indem sie abfällige Bemerkungen über ihn machen. Da wird dem Patienten hinter vorgehaltener Hand „im Vertrauen" erzählt, dass der Chef ja schon öfter Haftungsfälle hatte oder sich bekanntermaßen nicht ausreichend um seine Patienten kümmert. Ein Mandant berichtete, er habe eine Krankenschwester gefragt, wann denn der Chefarzt der Abteilung endlich für ihn zu sprechen sei, worauf sie erwidert habe, dass der Chef praktisch den ganzen Tag auf dem Golfplatz verbringe. Selbst wenn dies gestimmt hätte, was wir nicht überprüft haben, war das sicherlich die falsche Antwort.

Mitarbeiter sollten sich grundsätzlich gegenüber Patienten, die einen Behandlungsfehlervorwurf erheben, neutral verhalten.

Verzögerte Herausgabe der Patientenunterlagen

Wie verhalte ich mich als Arzt oder Krankenhausverwaltung korrekt und klug, wenn ein Patient um Herausgabe der Patientenunterlagen bittet oder durch einen Anwalt bitten lässt? Ganz einfach: Nach Fertigung einer Kopie der kompletten Akte werden die Unterlagen nach Erstattung der Kopierkosten an den Anfrager herausgegeben. Liegt gerade ein personeller Engpass oder ein sonstiger Grund vor, weswegen die Anfrage nicht zügig erledigt werden kann, sollte dies dem Anfrager kurz mitgeteilt werden.

Gar nicht auf eine Bitte um Herausgabe zu reagieren beziehungsweise erst auf die zweite oder dritte

Mahnung hin tätig zu werden, ist nicht nur unhöflich, sondern erweckt den Eindruck, dass die Unterlagen entweder nicht herausgegeben werden können oder die Behandlerseite sie nicht herausgeben will.

Beide Alternativen laden zu Spekulationen ein, was dahinterstecken könnte. Mal vermuten die Patienten, die Unterlagen sind verloren gegangen, weswegen die Ärzte nun Zeit brauchen, um im Nachhinein neue Unterlagen zu erstellen, was natürlich verboten ist, da eine ärztliche Behandlung in unmittelbarem zeitlichem Zusammenhang mit der Behandlung beziehungsweise möglichst zeitnah dokumentiert werden muss. Außerdem werfen verloren gegangene Unterlagen ein schlechtes Bild auf die Praxis oder Klinik, da man dort offenbar nicht sorgfältig archiviert. Mal argwöhnen sie, dass die Doktoren die Unterlagen ergänzen, beschönigen und belastende Teile entfernen möchten, was auch geraume Zeit beansprucht.

Je länger es dauert, bis das Material ausgehändigt wird, desto wilder wird spekuliert, was dahinterstecken könnte.

Keine Zustimmung zur Begutachtung durch die Gutachterstelle der Landesärztekammer

Wenn ein Behandlungsfehlervorwurf erhoben wird, bedarf es einer tragfähigen Einschätzung durch einen kompetenten Sachverständigen, ob es sich tatsächlich um einen ärztlichen Fehler handelt oder um einen bedauerlichen schicksalhaften Verlauf, den der Arzt nicht zu vertreten hat.

Woher nimmt man nun ein solches Gutachten? Was auf den ersten Blick gar nicht so problematisch erscheint, erweist sich oft als hohe Hürde auf dem Weg zur rechten Erkenntnis.

Hilfreich ist die Möglichkeit, bei der Gutachterstelle der jeweiligen Ärztekammer des Bundeslandes ein Gutachterverfahren zu beantragen. Die meisten Erfahrungen machte ich mit der Gutachterstelle der Bayerischen Landesärztekammer in München.

Viele Patienten und Angehörige sind skeptisch, ob eine Begutachtungsstelle, die von der Standesvertretung der Ärzteschaft selbst eingerichtet wurde, tatsächlich mit der erforderlichen Unvoreingenommenheit und Unparteilichkeit an die Fälle herangeht, was aber zweifellos der Fall ist. Die Vorteile für die Patientenseite liegen in der Möglichkeit, selbst – auch ohne anwaltlichen Beistand – ein Verfahren beantragen und durchführen zu können, in der Beauftragung kompetenter, renommierter Sachverständiger durch die Gutachterstelle, in der Kostenfreiheit für die Patientenseite und einer hohen Akzeptanz des Ergebnisses auf Seiten der Ärzte und der Haftpflichtversicherer, falls ein Behandlungsfehler festgestellt wird. Nur von sehr wenigen, besonders hartleibigen Ärzten oder Sachbearbeitern bei den Versicherungen wurde eine Regulierung trotz eindeutiger Bestätigung eines ärztlichen Fehlers, der zu einem gesundheitlichen Schaden geführt hatte, grundsätzlich abgelehnt beziehungsweise ein völlig inakzeptabler, weil viel zu niedriger Regulierungsbetrag angeboten. Die Begründungen waren zum Teil hanebüchen, um nicht zu sagen an den Haaren herbeigezogen. Man wollte eben partout nicht zahlen, sodass im Ergebnis doch ein Prozess geführt werden musste.

Ich selbst habe – ebenfalls nach anfänglicher Skepsis – oft die Gutachterstelle in der Mühlbaurstraße 16 eingeschaltet, um eine außergerichtliche gutachterliche Einschätzung für meine Mandanten zu bekommen.

Leider waren nicht alle Ärzte und Haftpflichtversicherungen mit einer Begutachtung bei der Gutachterstelle einverstanden. Bei den Patienten erweckte das den Eindruck, als wolle man sich um jeden Preis einer Bewertung der Behandlung entziehen, weil man etwas zu vertuschen habe, was nicht selten die Bereitschaft, sofort zu klagen, deutlich erhöhte.

Manche Ärzte äußern gegenüber ihren Patienten einen Behandlungsfehlerverdacht, wollen dies aber nicht offiziell bestätigen

Gelegentlich erzählten Patienten, sie seien von einem Arzt ausdrücklich darauf aufmerksam gemacht worden, dass Kollege XY sie falsch behandelt hätte. In einigen dieser Fälle fragte ich bei dem zitierten Arzt nach, ob er denn bereit wäre, dies schriftlich zu bestätigen, bekam aber immer eine ablehnende Antwort mit der Begründung, man wolle um Himmels willen keinen Ärger mit dem Kollegen.

Das ist zwar menschlich irgendwie verständlich, aber dem Patienten tut der Arzt mit dieser Strategie keinen Gefallen. Durch den Hinweis auf die angeblich falsche Behandlung wird dem Patienten ein Stachel ins Fleisch gesteckt, den er sein Leben lang nicht wieder loswird, vor allem wenn dieser Hinweis von einem Arzt kommt, zu dem der Patient besonders großes Vertrauen hat. Auch wenn sich dieser Verdacht später – objektiv – als falsch erweisen sollte, bleibt dieser Hinweis im Gedächtnis haften und verhindert, dass der Patient im Lauf der Zeit zu akzeptieren lernt, dass ein schicksalhafter Verlauf und eben nicht ein Arzt für seine gesundheitlichen Probleme verantwortlich ist. Es bleibt zeitlebens der Einwand: „Aber mein Hausarzt hat doch damals gesagt …" Seelenfrieden finden diese Patienten nur schwer oder gar nicht.

Allerdings gibt es auch Kollegen, die zu ihrer Kritik stehen und dies für den Patienten sogar schriftlich festhalten. In einem Fall kam eine Patientin mit heftigen Beschwerden an der Schulter. Ihr behandelnder Arzt, ein renommierter Chefarzt in einer Münchner Klinik, hatte ihr schriftlich bestätigt, dass eine grob fehlerhafte Operation in einer auswärtigen Klinik die Ursache ihrer gesundheitlichen Probleme war, und sie zu mir geschickt.

Viele Ärzte scheuen sich, als Privatgutachter auf Patientenseite tätig zu werden

Wie gesagt, bisweilen ist es erforderlich, bereits zu Beginn des Mandats, spätestens aber vor Klageerhebung sachverständigen Rat einzuholen zu der Frage, ob ein Behandlungsfehler passiert ist und, falls ja, ob dieser Fehler ursächlich war für die gesundheitlichen Beeinträchtigungen des Patienten. Falls die Behandlerseite einer Begutachtung durch die Gutachterstelle der Landesärztekammer nicht zustimmt oder das MDK-Gutachten unbrauchbar ist, muss man auf ein Privatgutachten zurückgreifen. Empfehlenswert ist dies auch immer, wenn der Patient nicht rechtsschutzversichert ist oder ein gravierender gesundheitlicher Schaden vorliegt, der einen sehr hohen finanziellen Schaden nach sich zieht.

Mag sich auch die Behandlerseite manchmal auf den Standpunkt stellen, ein Privatgutachter schreibe gegen Bezahlung alles, was der Auftraggeber von ihm erwarte, so gab es doch zahlreiche Fälle, in denen aufgrund der stichhaltigen und überzeugenden Darlegung eines in Fachkreisen bekannten und respektierten Arztes die Haftpflichtversicherung zu einer außergerichtlichen Regulierung des Falles bereit war. Der Versicherung blieb ein teurer Prozess, den sie höchstwahrscheinlich verloren hätte, erspart, dem betroffenen Arzt/Krankenhaus und Patienten die nervenaufreibende, belastende Auseinandersetzung vor Gericht. Für alle eine Win-Win-Situation.

Dabei gilt: Je renommierter der vom Patienten oder dessen Rechtsanwalt beauftragte Sachverständige ist, desto höher ist in der Regel die Bereitschaft der Behandlerseite, in außergerichtliche Vergleichsgespräche einzutreten. Stellt hingegen ein renommierter Sachverständiger fest, dass kein Fehler passiert ist oder ein Behandlungsfehler nicht ursächlich für den gesundheitlichen Schaden ist, hat der Patient eindeutige, überzeugende Argumente gegen einen anstrengenden und aussichtslosen Rechtsstreit. Er braucht keinen Prozess anzufangen, ihm bleibt eine große seelische und zeitliche Belastung erspart.

Man möchte meinen, diese Aspekte sollten jeden Arzt motivieren, nicht nur für Haftpflichtversicherer, sondern auch für Patienten als Gutachter tätig zu werden. Schließlich könnten sie damit einen wertvollen Beitrag zur Sachaufklärung und zur Vermeidung unnötiger Arzthaftungsprozesse leisten.

Weit gefehlt! Genau das Gegenteil ist der Fall. Die Mehrheit der Chefärzte und Oberärzte unserer Krankenhäuser ist partout nicht bereit, außergerichtlich für die Patientenseite ein Gutachten zu erstatten. Diese Einstellung ändert sich manchmal, sobald sie emeritiert beziehungsweise außer Dienst sind.

Woran liegt das? Die Antwort ist deprimierend.

Viele dieser Ärzte wollen die Patienten aus Prinzip nicht dabei unterstützen, einen Behandlungsfehler aufzudecken und Schadenersatzansprüche gegen einen Arztkollegen durchzusetzen, egal, wie schwer der Patient durch den vermuteten Fehler geschädigt ist. Selbst die missliche Situation von Komapatienten, Querschnittgelähmten oder Kindern, die wegen eines Geburtsschadens lebenslang körperlich und geistig schwerstbehindert sein werden, vermag in diesen Ärzten kein Mitleid und keine Motivation zu erzeugen, an der Sachaufklärung mitzuwirken und dem geschädigten Patienten die ihm von Gesetzes wegen zustehende Schadenregulierung und finanzielle Absicherung zu verschaffen. Sie halten Behandlungsfehlervorwürfe gegen einen Kollegen grundsätzlich für Nestbeschmutzung, solche Patienten für unverschämte oder zumindest unverständige Menschen (oder beides), die sich auf Kosten der Ärzte und deren Versicherung schamlos bereichern wollen, und würden deren Anwälte am liebsten auf den Mond katapultieren. Sie leben immer noch nach dem Motto: Uns Ärzten passieren keine Fehler und falls doch, schweigen wir darüber eisern. Das ist ihr Verständnis von Kollegialität. Damit wären wir dann wieder bei der Krähe …

Andere würden durchaus als Privatgutachter für die Patientenseite tätig werden, fürchten aber Zorn und Rache der Hardliner. Ein in ganz Deutschland bekannter, hochrenommierter Chefarzt erklärte mir einmal, eigentlich würde er liebend gerne für mich gutachterlich arbeiten, müsse aber in diesem speziellen Fall ablehnen. Der von uns des Fehlers verdächtigte Arzt, ebenfalls ein bekannter Vertreter seiner Zunft, würde nämlich seine weitreichenden Verbindungen und seinen offenbar sehr starken Einfluss in Klinik- und Kollegenkreisen nutzen, um ihn aus seinem Job zu kicken: „Der würde vor nichts zurückschrecken", waren seine Worte. Ein anderer Chefarzt berichtete, er habe kurz zuvor bei einem Kongress einen niedergelassenen Arzt getroffen, der ihn vor den Augen und Ohren der umstehenden Kollegen vulgär und laut beschimpfte, weil er in meinem Auftrag ein Privatgutachten gegen diesen Arzt erstellt und mehrere Behandlungsfehler bejaht hatte. Er sagte am Telefon zu mir: „Sie können sich gar nicht vorstellen, wie der über mich hergefallen ist. Ich bin noch nie zuvor in meinem ganzen Leben in der Öffentlichkeit so attackiert und runtergemacht worden. Der hat sich aufgeführt wie ein Irrer. Mein Gott, war das peinlich."

Einige Oberärzte lehnten telefonisch ab mit der Begründung, ihr Chef verbiete Gutachten für Patienten strikt, weswegen sie Angst vor Repressalien hätten.

Wieder andere wollen nicht als Privatgutachter für die Patientenseite arbeiten mit der Begründung, dann von den Gerichten nicht mehr als Sachverständige beauftragt zu werden. Sie befürchteten, bei den Richtern deshalb nicht mehr als objektiv und unparteiisch zu gelten. Erstaunlicherweise werden diese Ärzte trotzdem ohne Bedenken für Arztkollegen im Auftrag der Haftpflichtversicherung gutachterlich tätig.

Mit gut einem Dutzend Ärzten in leitender Stellung verblieb ich daher so: Sie berieten mich diskret hinter den Kulissen, ihr Name tauchte nirgendwo auf, um sie nicht in die Schusslinie der ewig gestrigen Vertuscher zu bringen.

Die Behandlerseite lässt es trotz stichhaltiger Gutachten, die Behandlungsfehler bestätigen, auf einen Prozess ankommen

Mit der Wir-lassen-es-darauf-ankommen-Mentalität leisten manche Haftpflichtversicherungen sowie Ärzte und Krankenhausverwaltungen einen nicht gerade kleinen Beitrag zur hohen Zahl der Arzthaftungsprozesse.

Wenn ein Patient oder sein Rechtsanwalt ein überzeugendes Gutachten eines renommierten, kompetenten Sachverständigen vorlegt, sollte man meinen, die Haftpflichtversicherung würde nach entsprechender eigener Recherche und Rücksprache mit der versicherten Klinik oder dem versicherten Arzt in außergerichtliche Vergleichsverhandlungen eintreten. Das ist sehr oft so, aber leider nicht immer. In manchen Fällen blockt der Sachbearbeiter der Versicherung ab, manchmal schalten Arzt oder Klinikverwaltung auf stur.

Die Gründe sind offensichtlich. Es wird gepokert in der Hoffnung, dass der Patient nicht rechtsschutzversichert ist und die Kosten eines Prozesses nicht aufbringen kann oder aus persönlichen Gründen einen Rechtsstreit über vielleicht mehrere Instanzen scheut. Dann würde sich die Versicherung eine Menge Geld sparen, Arzt und Krankenhausverwaltung müssten nicht fürchten, wegen eines Haftungsfalles künftig eine höhere Prämie zahlen zu müssen oder gar vom Versicherer gekündigt zu werden. Und die Doktoren würden sich die Selbstbeteiligung pro Haftungsfall sparen.

Außerdem wird der Behandlungsfehlervorwurf ja häufig in zwei Instanzen geprüft. Wird der Arzt vor dem Amtsgericht oder Landgericht zur Schadenersatzleistung verurteilt, kann er immer noch Rechtsmittel einlegen in der Hoffnung, in der zweiten Instanz – oder vielleicht sogar erst in der dritten, beim Bundesgerichtshof – doch noch zu obsiegen. Und wenn es nicht ganz optimal läuft im Prozess, kann die Behandlerseite immer noch die Reißleine ziehen und sich auf einen Vergleich einlassen. Dann ist der Prozess nicht völlig verloren, der Schaden für Arzt und Versicherung begrenzt: Der Patient bekommt nur einen Teil dessen, was er ursprünglich vom Arzt haben wollte, sodass sich die Haftpflichtversicherung einen Teil der Regulierungssumme spart. Weil der Behandlungsfehler dabei in der Regel nicht ausdrücklich eingeräumt wird, vielmehr die Zahlungen nach Abschluss eines Vergleichs „ohne Anerkennung einer Rechtspflicht" erfolgen, wie es auf juristisch so schön heißt, bleibt am Arzt oder der Klinik offiziell auch nicht der Makel eines bestätigten Fehlers haften.

Bei vielen Ärzten kommt auch die persönliche Kränkung hinzu durch den Vorwurf, einen Fehler gemacht zu haben, die einem außergerichtlichen Einlenken und Verhandeln im Wege steht, was eine allzu menschliche, irgendwie auch nachvollziehbare Reaktion darstellt.

Manche Arztkollegen beharren allerdings noch am Ende eines langjährigen Arzthaftungsprozesses über zwei oder drei Instanzen, in dessen Verlauf mehrere gerichtliche Sachverständige eine fehlerhafte Behandlung bestätigt haben, auf ihrer Meinung, ihnen sei definitiv kein Fehler unterlaufen. Das ist dann nicht mehr nachvollziehbar.

Die Behandlerseite lässt es trotz ganz offensichtlicher Fehler auf einen Prozess ankommen

Manchmal liegt der Behandlungsfehler geradezu greifbar auf der Hand. Man braucht kein Gutachten, um den Fehler zu bestätigen, weil er förmlich ins Auge springt. Es sind die klassischen Fälle der Seitenverwechslung bei Arm- oder Beinamputationen, der Etagenverwechslung bei Wirbelsäulenoperationen und der Verwechslung von Fingern oder Zehen.

Zu zweifelhafter Berühmtheit brachte es der Bamberger Fall aus dem Jahr 1996. Im Klinikum Bamberg wurde einem älteren Mann das falsche, gesunde Bein amputiert, was er wenige Stunden nach der Operation bemerkte. Drei Tage später musste auch noch das kranke Bein abgenommen werden, wie ursprünglich geplant. Wahrscheinlich war das zu amputierende Bein nicht (ausreichend) markiert, sodass die beiden Chirurgen – oder sollte man sagen Unglücksraben – die falsche Seite operiert haben. Das gesunde Bein konnte natürlich nicht wieder angenäht werden. Die Stadt Bamberg als Krankenhausträger hat den groben Behandlungsfehler von Anfang an eingeräumt.

So korrekt verhalten sich leider nicht alle Ärzte beziehungsweise Verantwortlichen in den Krankenhäusern. Auch wenn alle Patientenunterlagen einschließlich der Röntgenbilder die Verwechslung beweisen, versuchen bisweilen Doktoren und Haftpflichtversicherer, den Patienten und deren Anwalt vom Gegenteil zu überzeugen, manchmal mit haarsträubenden und frei erfundenen Behauptungen. Es geht eben wieder um den schnöden Mammon, der partout nicht ausgezahlt werden soll.

In einem ganz typischen Fall lag eine Etagenverwechslung an der Wirbelsäule vor, was übrigens gar nicht so selten passiert. Im Laufe der Jahre hatte ich einige dieser Fälle. Der Patient hatte sich den zehnten Brustwirbel bei einem Unfall gebrochen. Um ein Einsinken der Deckplatte des Wirbels zu verhindern, sollte der Wirbelkörper mit Spezialzement aufgefüllt und damit stabilisiert werden. In den Unterlagen fanden sich eine Operationsaufklärung bezogen auf BWK 10, eine Anästhesieaufklärung, in der ebenfalls der zehnte Brustwirbel als Zielobjekt des Eingriffes genannt war, und natürlich ein Röntgenbild, auf dem der gebrochene zehnte Brustwirbel eindeutig als behandlungsbedürftig erkennbar war. Im Übrigen war die Wirbelsäule bis auf ein paar alterstypische degenerative Veränderungen unauffällig. Aufgefüllt wurde dann aber die elfte Etage an der Brustwirbelsäule. Ein nachbehandelnder Arzt machte den Patienten anlässlich einer Röntgenkontrolle auf die Etagenverwechslung aufmerksam. Der Patient suchte sodann das Gespräch mit dem Operateur, der zu seinem Erstaunen und Verdruss felsenfest behauptete, die richtige Etage operiert zu haben, wovon er den

Patienten auch anhand des Röntgenbildes zu überzeugen versuchte. Der Patient wollte sich aber nicht für dumm verkaufen lassen und ließ Klage erheben.

Honorarverzicht als Fehlereingeständnis

Wenn Patienten Behandlungsfehlervorwürfe erheben, sind sich viele Ärzte nicht sicher, wie sie es mit der Rechnung für ihre angeblich fehlerhafte ärztliche Leistung halten sollen. Manch ein Doktor kommt auf die Idee, zunächst einmal keine Rechnung zu stellen oder, falls die Rechnung schon verschickt wurde und der Patient die Bezahlung verweigert unter Hinweis auf den mutmaßlichen Behandlungsfehler, keine weiteren Schritte zur Beitreibung des ausstehenden Honorars in die Wege zu leiten. Normalerweise würde man in solch einem Fall ja zunächst mahnen und dann mit oder ohne anwaltliche Hilfe einen Mahnbescheid beziehungsweise Vollstreckungsbescheid erwirken. Dahinter steckt wohl die Überlegung, dass die Aufforderung zur Zahlung den Patienten dazu bringen könnte, seinem Behandlungsfehlerverdacht erst recht nachzugehen. Man will quasi kein Öl ins Feuer gießen. Nach meiner Erfahrung ist dies keineswegs die richtige Strategie. Im Verzicht auf das ärztliche Honorar sehen die Patienten geradezu eine Bestätigung ihres Verdachts, dass da ein Fehler passiert sein muss. „Sonst würde der doch nicht freiwillig auf sein Geld verzichten", hieß es da immer. Der Honorarverzicht wurde praktisch immer als Fehlereingeständnis gewertet und beflügelte die Patienten in ihrem Drang, den mutmaßlichen Schädiger gerichtlich zu verfolgen.

Die Ärzte sind also gut beraten, trotz eines angeblichen Behandlungsfehlers ihre Leistungen ganz normal abzurechnen, um nicht durch den Verzicht auf das Honorar Öl ins Feuer zu gießen.

Saloppe Sprüche und Beleidigungen im Krankenblatt

Gegen ein bisweilen loses Mundwerk oder den schwarzen Humor mancher Ärzte ist im Grunde genommen nichts einzuwenden. Allerdings sollte man Patienten gegenüber nicht zu schnodderig auftreten und schon gar nicht Ironie und Humor mit Respektlosigkeit und geschmacklosen Äußerungen verwechseln.

Wer dann noch auf die geniale Idee kommt, dumme Sprüche und Beleidigungen ins Krankenblatt zu schreiben, darf sich nicht wundern, wenn der Patient und/oder sein Anwalt verärgert an die Ärztekammer schreibt und ohne eine außergerichtliche Abklärung der Frage des Behandlungsfehlers sofort Klage einreicht.

Ein paar Kostproben: Ein Urologe fand sich bemüßigt, die sogenannte Nesbit-Operation zur Beseitigung einer Penis-Verkrümmung im Krankenblatt als „Nesquick-OP" zu bezeichnen und den Penis des Patienten als „abgeknickte Wasserleitung". Ein anderer Medicus beschrieb einen Patienten mit einer Schilddrüsenerkrankung, die zum Hervortreten der Augäpfel führt, als „Kermit, der Frosch". Und ein Zahnarzt dokumentierte die schlechte Mundhygiene seiner Patientin mit: „Die Sau putzt ihre Zähne nicht."

Anwälte raten Patienten „naturgemäß" zu Prozessen

Was war zuerst da – das Ei oder das Huhn?

Eine ähnliche Frage muss man sich der Ehrlichkeit halber auch in Bezug auf den Einfluss der Rechtsanwälte auf die Zahl der Arzthaftungsprozesse stellen. Die einen sagen, es gibt so viele Kunstfehlerprozesse, weil es so viele Rechtsanwälte und immer mehr Fachanwälte für Medizinrecht gibt. Die anderen sagen, es gibt immer mehr Medizin-Fachanwälte, weil immer mehr Behandlungsfehler passieren, was den Bedarf an Spezialisten auf dem Gebiet der Arzthaftung wachsen lässt. Und je mehr Fachanwälte für Medizinrecht am Werk sind, desto mehr wird natürlich geklagt.

Jedenfalls wird von Seiten der Rechtsanwälte in der Regel zum Prozess geraten, manchmal selbst bei von vorneherein aussichtslosen Fällen. Die Anwälte bekommen ihre Vergütung ja auch, wenn sie den Prozess verlieren. Dabei zeigt sich bisweilen eine gewisse Tendenz zu überhöhten Streitwerten, um das Anwaltshonorar in die Höhe zu treiben.

Viele Patienten wollen keine Verantwortung für ihre Gesundheit übernehmen

Wer krank ist, darf von seinem Arzt, egal ob in der Praxis oder im Krankenhaus, fachliche Kompetenz und ein gewisses Maß an Engagement erwarten, die Krankheit zu erkennen, zu lindern oder zu heilen. Wunder dürfen aber nicht erwartet werden. Viele Patienten gehen bei Beschwerden allerdings erst spät oder zu spät zum Arzt, was die Heilungschancen deutlich schmälern kann. Viele sagen dem Arzt aus falschem Schamgefühl oder schlichtweg leichtfertig nicht alles, was er wissen muss, um die richtige Diagnostik und Therapie in die Wege zu leiten. Viele wollen verordnete Medikamente nicht einnehmen, weil irgendwer im Bekanntenkreis gehört haben will, dass dieses Zeug ja mehr schadet als nützt. Und der Pharmaindustrie will man ohnehin nicht so viel Geld in den Rachen werfen. Oder man setzt sich über dringliche Empfehlungen, wie z. B. Gewicht zu reduzieren, nicht mehr zu rauchen oder weniger Alkohol zu trinken, hinweg. Bei all dieser Unvernunft erwarten die Patienten aber, vom Arzt gesund oder wenigstens gesünder gemacht zu werden. Wenn das dann – oh Wunder – nicht funktioniert, wird auf den Weißkittel geschimpft, weil er dies und jenes angeblich falsch gemacht hat. Den eigenen Beitrag zu ihrer gesundheitlichen Misere blenden die Leute dabei geflissentlich aus.

Ich kann mich an einige Patienten erinnern, die mit großem Belastungseifer massive Vorwürfe gegen die Ärzte, die sie im Krankenhaus behandelt hatten, erhoben. Sie zählten sogar konkrete Beispiele auf, welche Untersuchungen und Behandlungen fehlerhafterweise unterlassen worden sein sollen. Die Durchsicht der Behandlungsunterlagen zeigte indes ein ganz anderes Bild. Die nicht durchgeführten Maßnahmen waren von diesen Patienten selbst verhindert worden, da sie sich hartnäckig geweigert hatten, den ärztlichen Empfehlungen und Anordnungen Folge zu leisten. Ärzte und Pflegepersonal hatten dies sorgfältig dokumentiert in einer Art, die keinerlei Hinweise auf eine Manipulation des Krankenblattes gab. In einem Fall beklagte sich der Patient ganz verbittert, die Ärzte hätten ihn im Rahmen der Nachsorge vernachlässigt: keiner habe auf seine anhaltenden Beschwerden und Symptome reagiert, weswegen der Bruch seiner Schulter in Fehlstellung verheilt sei, sodass er unter chronischen Schmerzen und einer eingeschränkten Beweglichkeit der Schulter zu leiden habe. Aus den Behandlungsunterlagen ergab sich hingegen, dass dieser Patient die vereinbarten Kontrolltermine allesamt nicht wahrgenommen hatte.

Die Gespräche über solche Erkenntnisse waren dann häufig sehr schwierig, weil die Patienten partout nicht auf ihren eigenen Anteil an Verantwortung oder „Schuld" am Ausbleiben des Behandlungserfolges hingewiesen werden wollten. Einige brachen das Gespräch völlig aufgewühlt ab und verließen wutschnaubend die Kanzlei. Zwei Patienten unterstellten mir sogar

Verrat an ihren Interessen, behaupteten, ich würde mich auf die Seite der Ärzte stellen, und drohten mir mit rechtlichen Schritten.

Im Ergebnis könnte man die Faustregel aufstellen: Je größer der Belastungseifer des Patienten, desto größer der eigene Anteil am Scheitern der Behandlung.

Patienten können nur schwer akzeptieren, dass es schicksalhafte Verläufe gibt, an denen niemand schuld ist

Die Menschen haben, so lehrt die Erfahrung auch – oder besser gesagt – gerade im Bereich der Arzthaftung, ein im tiefsten Inneren fest verwurzeltes Bedürfnis, die Schuldfrage zu stellen, wenn in ihren Augen eine Behandlung fehlgeschlagen ist.

Typischerweise sehen sie dann einen Zusammenhang zwischen rein zufällig zeitgleichen oder nacheinander ablaufenden Ereignissen. Besonders gerne passieren solche falschen Schlussfolgerungen, wenn z. B. Schmerzen, Lähmungen, ein Darmverschluss, eine Entleerungsstörung der Blase oder sonstige Beschwerden nach einer ärztlichen Behandlung auftreten.

Medizinische Laien neigen dann dazu, die Ursache ihrer Symptome ausschließlich in genau dieser Behandlung zu sehen. Den Patienten auszureden, dass zwischen solchen zeitgleichen oder aufeinanderfolgenden Ereignissen unbedingt ein Ursachenzusammenhang bestehen muss, kann mühsam bis unmöglich sein (bei ganz hartnäckigen Naturen). Im Beratungsgespräch versuchte ich immer, die Leute mit meinem „Fahrrad-Beispiel" zu überzeugen: Während wir im vierten Stock im Besprechungszimmer sitzen, fällt vor der Haustür ein Fahrrad um, aber nicht wegen unseres Gespräches, sondern einfach nur gleichzeitig mit unserem Gespräch.

Diese Patienten wollen nicht akzeptieren, dass eine Behandlung einen komplikationsreichen Verlauf oder gar tödlichen Ausgang nehmen kann, ohne dass dafür ein Arzt verantwortlich sein muss. Das Wort „schicksalhaft" gibt es für sie nicht in diesem Zusammenhang, denn, so sagen sie, es müsse ja schließlich jemand daran schuld sein. Ein ganz typischer Satz lautet: „Aber irgendeiner muss doch dafür einstehen!" Es gelingt leider nicht immer, solche Patienten vom Gegenteil zu überzeugen, die dann – in aller Regel sehr zügig – blindlings den Holzweg einer Klage beschreiten, deren Scheitern vorprogrammiert ist.

Manche Patienten fordern Unmögliches von der Medizin und den Ärzten

In den letzten Jahren hat sich bei nicht wenigen Leuten eine ganz ungute Anspruchshaltung gegenüber der Ärzteschaft entwickelt, eine Art Vollkasko-Mentalität.

Als moderner, informierter Mensch weiß man ja, was die Medizin heutzutage auch in Deutschland zu leisten vermag. Es gibt mittlerweile – glücklicherweise – für zahlreiche Erkrankungen modernste Hightech-Untersuchungs- und Behandlungsmöglichkeiten. Und natürlich wissen die Ärzte, wie Laboruntersuchungen, hochauflösende bildgebende Verfahren, Operationstechniken, genetische Analysen und vieles mehr zum Wohle der Patienten eingesetzt werden können.

Also denken viele, dass ausnahmslos jede Erkrankung ohne Weiteres erkannt und problemlos vollständig geheilt werden kann.

Dies ist allerdings eine sehr naive, weil viel zu mechanische und zu simple Vorstellung davon, wie der menschliche Körper beziehungsweise dessen Untersuchung, Behandlung und Heilung funktioniert. Wir sind keine Autos, die bei einer Panne an den

Diagnosecomputer angeschlossen werden können, um den Fehler auszulesen. Kein Eingriff am menschlichen Körper, mag die Medizin noch so technisch geprägt sein, läuft nach einem festen Schema ab wie die Reparatur eines Kraftfahrzeugs. Einen 100-prozentigen „Reparaturerfolg" wie bei einer Maschine gibt es bei ärztlichen Behandlungen hin und wieder, aber beileibe nicht im Regelfall. Und der Patient kann nicht oben 2 Euro einwerfen, damit unten eine Dose Gesundheit herauskommt.

Viele Patienten überschätzen ihre medizinischen und juristischen Kenntnisse

Viele Menschen verkennen, wie gesagt, wie komplex der menschliche Körper und die Funktion seiner Organe ist und wie schwierig es bisweilen sein kann, eine Krankheit zu erkennen und erfolgreich zu behandeln. Manche Leute maßen sich dennoch an, aufgrund ihrer persönlichen Lebenserfahrung und allgemein gültiger Lebensweisheiten beurteilen zu können, ob eine Behandlung fehlerhaft war und zu einem Gesundheitsschaden geführt hat. Der eine oder andere meint auch, er könne seinen Fall problemlos mit dem eines Bekannten oder Nachbarn vergleichen, der „dieselben Beschwerden" hatte und vom Arzt geheilt wurde. Dass bei ihm selbst keine Heilung eingetreten ist, zeige zweifellos, es könne nur ein Behandlungsfehler passiert sein.

In solchen Fällen versuchte ich, mit meinem „Drei-Männer-Fall" Überzeugungsarbeit zu leisten: Drei 35-jährige Männer, gleich groß, gleiches Gewicht, alle drei – rein äußerlich betrachtet – gesund, springen bei 0 Grad in einen kalten Fluss. Einer erleidet einen Herzstillstand und stirbt sofort. Der zweite holt sich dabei eine Lungenentzündung, die im Krankenhaus drei Wochen lang mit Antibiotika behandelt werden muss. Der dritte bekommt lediglich einen Schnupfen. Soviel zur Vergleichbarkeit von menschlichen Körpern und menschlicher Gesundheit.

Am schlimmsten ist es aber, wenn sich Patienten im Internet über ihre Krankheit und deren Heilungsmöglichkeiten informieren und dann allen Ernstes meinen, mit diesen Erkenntnissen abschließend beurteilen zu können, ob eine Diagnose oder Behandlung falsch war und zu den nun vorhandenen Beschwerden führte. Dieses Hobby-Mediziner-Unwesen greift leider um sich. Solche Patienten sind in der Regel nur schwer oder gar nicht davon zu überzeugen, dass sie erstens mangels eines Medizinstudiums nicht verstehen, was sie lesen, zweitens das Gelesene aus demselben Grund nicht kritisch hinterfragen können und drittens ein Artikel im Internet nicht im Eins-zu-eins-Verhältnis auf ihren Fall übertragbar ist.

Überhaupt erstaunlich, wie schnell die Leute generell bereit sind, alles, was im Internet steht, bedenkenlos zu glauben, ohne zu wissen, wer diese Information mit welcher Absicht eingestellt hat und ob sie – objektiv gesehen – richtig ist. Dann heißt es immer: Aber im Internet steht, doch …! Selig, die nicht alles glauben, was im Internet steht!

Ähnlich nervtötend sind die Hobby-Juristen. So mancher Patient meint, er könne ohne Weiteres durch einen Blick in einen Kommentar zur Zivilprozessordnung und nach Lektüre verschiedener Urteile zur Arzthaftung im Internet (wo sonst!) ganz genau sagen, dass seine Klage gegen einen Arzt oder eine Klinik erfolgreich sein wird. Einmal kam eine Patientin in Begleitung ihres Sohnes, der mir gleich zu Beginn des Gespräches erklärte, er wisse ganz genau Bescheid, wie Arzthaftung funktioniert, weil er sich im Internet informiert habe. Ich müsse ihm und seiner Mutter also gar nichts erklären!

Gegen Anmaßung und Selbstüberschätzung ist leider kein Kraut gewachsen.

Das Unwort „Ärztepfusch"

Gefühlt mindestens 1.000 Mal hörte ich dieses Wort im Beratungsgespräch: Das war Ärztepfusch! Und jedes Mal sträubten sich mir die Nackenhaare. Ärztepfusch erinnert an Pfusch am Bau oder Kurpfuscher im Mittelalter – keine angemessenen Vergleiche. Mediziner sind weder Handwerker noch Quacksalber. Der menschliche Körper ist komplex, die Arbeit des Arztes stellt hohe intellektuelle, körperliche und charakterliche Anforderungen. Dementsprechend fehl am Platz ist dieser respektlose Begriff, will man zum Ausdruck bringen, dass einem Arzt ein Behandlungsfehler unterlaufen ist. Ich habe immer darauf hingewiesen, dass ich dieses Wort nicht hören möchte, es nicht verwenden werde und es letztlich auch das Verhandlungsklima vor oder während eines Arzthaftungsprozesses vergiftet, was nicht im Interesse des Patienten sein kann.

Je später Behandlungsfehlervorwürfe erhoben werden, desto mehr wird die Fantasie beflügelt

Manche Patienten haben zwar schon während oder bald nach einer Behandlung das Gefühl, dass der Arzt etwas falsch gemacht hat, gehen diesem Verdacht zunächst jedoch nicht nach. Solange die Verjährungsfrist nicht abläuft, ist das – formal gesehen – nicht schädlich. Allerdings geraten im Laufe der Zeit viele Erlebnisse, Eindrücke und Namen in Vergessenheit. Man kann sich nicht mehr erinnern, was genau der Arzt vor zwei oder drei Jahren erklärt hat, als er wegen einer bestimmten Komplikation gefragt wurde. Man weiß nicht mehr, wie der Mitpatient im Zimmer hieß, der beim Aufklärungsgespräch anwesend war. Aufgrund datenschutzrechtlicher Bestimmungen kann man dessen Namen später auch nicht über die Klinik in Erfahrung bringen. Man vergisst die Namen der Klinikmitarbeiter, die sich vielleicht als Zeugen angeboten haben. Die Leute wechseln durch Heirat den Namen usw. All das spricht dafür, zügig abzuklären, ob tatsächlich ein Behandlungsfehler unterlaufen ist, hat man einen derartigen Verdacht.

Die größte Gefahr bei langem Zuwarten besteht jedoch darin, Erinnerungslücken mit Fantasie zu füllen. Eigene Erlebnisse vermischen sich mehr und mehr mit Berichten anderer Menschen, die ähnliches erlebt haben wollen. Je öfter man etwas in einer bestimmten Art und Weise erzählt, desto stärker ist man davon überzeugt, dass es sich genauso und nicht anders abgespielt hat. Dabei verdrängt das menschliche Gedächtnis eher die Eindrücke und Erlebnisse, die die Ärzte entlasten. Negativerlebnisse bleiben offenbar besser im Gedächtnis haften. Wenn zu viel Zeit verstrichen ist, hat die Schilderung der Geschehnisse leider oft wenig oder gar nichts mehr mit dem zu tun, was wirklich passiert ist, obwohl die Patienten nicht die Absicht haben, eine falsche Darstellung abzugeben.

Patienten verlassen sich manchmal zu sehr auf Gutachten des Medizinischen Dienstes der gesetzlichen Krankenversicherungen

Die Begutachtung durch Ärzte des MDK, wie die handliche Abkürzung lautet, ist ein ganz eigenes Kapitel, im wahrsten Sinn des Wortes. Der MDK wird von den gesetzlichen Krankenversicherungen der Patienten unter anderem mit der Beurteilung von Behandlungsfehlervorwürfen beauftragt.

Dies führt schon zum ersten Problem, da Ärzte und Haftpflichtversicherungen den MDK deshalb mit der Krankenkasse des Patienten eins zu eins gleichsetzen. Die Krankenkasse wiederum ziehe, so die Behandlerseite, mit den Patienten an einem Strang gegen Arzt und Krankenhaus, weil sie selbst ein finanzielles Interesse an der Feststellung eines Behandlungsfehlers habe. Letzteres ist nicht von der Hand zu weisen, da die Krankenkasse im Falle der Bestätigung eines Fehlers und des Ursachenzusammenhangs mit dem Gesundheitsschaden des Patienten beim Arzt Regress nimmt: Sie lässt sich die Kosten der fehlerbedingten weiteren Behandlung des Patienten erstatten. Bei schweren gesundheitlichen Beeinträchtigungen, wie beispielsweise Querschnittlähmungen, Geburtsschadenfällen oder Komapatienten, können sich diese weiteren Behandlungskosten auf astronomische Summen belaufen. Mehrere Hunderttausend bis ein, zwei oder drei Millionen Euro kommen da schnell zusammen. Dennoch: MDK und gesetzliche Krankenversicherung des Patienten sind zunächst einmal zwei Paar Schuhe, nicht eines. Die MDK-Gutachter bejahen nicht einfach ins Blaue hinein wegen eines möglichen Regressanspruches der Krankenversicherung einen Fehler. Ihnen drohen auch keine Sanktionen von Seiten des Arbeitgebers, wenn sie keine Behandlungsfehler bestätigen. Die Behandlerseite übersieht dies leider oft.

Ein weiteres Problem ist die hin und wieder unzureichende Qualität der Gutachten, die von den MDK-Ärzten erstellt werden, was unterschiedliche Ursachen hat. Zum einen fertigen bisweilen MDK-Ärzte in Fachgebieten Gutachten, für die sie ganz offenkundig keine Qualifikation besitzen, d. h. nicht die entsprechende Facharztausbildung durchlaufen haben. Man fragt sich schon, warum ein Internist munter zu Behandlungsfehlervorwürfen gegen einen Augenarzt Stellung nimmt oder ein Chirurg gegen einen Anästhesisten. Für die Haftpflichtversicherungen und Anwälte der Ärzte ist dies ein dankbarer Grund, ein Gutachten in Bausch und Bogen zurückzuweisen – nicht zu Unrecht. Ferner fehlt vielen MDK-Ärzten schon längere Zeit die praktische Erfahrung in Klinik oder Praxis, was ihnen den Ruf von Theoretikern und Schreibtischärzten einbringt. Auch dies wird von der Behandlerseite oft kritisiert, auch dies nicht ganz zu Unrecht. Gelegentlich erweisen sich MDK-Gutachten als fachlich „dünn", weil nicht alle einschlägigen, für die Begutachtung zwingend benötigten Unterlagen beigezogen wurden. In einem Fall lautete der Vorwurf, zwei Augenoperationen seien fehlerhaft durchgeführt worden. Das MDK-Gutachten wurde allerdings – man kann es kaum glauben – ohne die beiden Operationsberichte erstellt, sodass das Ergebnis der Begutachtung nicht aussagekräftig war und damit unverwertbar. In einem anderen Fall wurde ein Behandlungsfehler vom MDK in grob falscher Art verneint, höchstwahrscheinlich auch wegen unzureichender Aktenkenntnis des Gutachters. Die Patientin litt an einer Wirbelsäulenerkrankung, die von den Ärzten trotz Vorliegen aller typischen Symptome nicht erkannt wurde. Obwohl kaum mehr bewegungsfähig, wurde die ältere Dame nach Hause entlassen, vom Hausarzt jedoch unverzüglich in ein anderes Krankenhaus eingewiesen, wo innerhalb eines einzigen Tages die richtige Diagnose gestellt und mit der Behandlung begonnen wurde. Die Gutachterstelle der Landesärztekammer bestätigte übrigens den Behandlungsfehler in der ersten Klinik, der sogar als grob eingestuft wurde.

Ferner lassen sich MDK-Gutachter leider bisweilen zu juristischen Bewertungen hinreißen, was mehr schadet als nützt. Zum einen hat ein medizinischer Sachverständiger absolut nichts zu rechtlichen Fragen zu sagen. Zum anderen sind diese fachfremden Anmerkungen oft entweder falsch oder zumindest kontraproduktiv, was der Behandlerseite in die Hände spielt.

Dann gab es noch einen ganz speziellen MDK-Gutachter, der nicht umhinkonnte, die der fehlerhaften Behandlung beschuldigten Ärzte als völlig unfähig zu bezeichnen. Manchen

Arztkollegen wurden sogar Grundkenntnisse in der Medizin abgesprochen. Sein gutachterlicher Zorn und Spott traf gelegentlich auch Anwälte und Sachbearbeiter der Haftpflichtversicherungen. Zweimal wurde ich auch als begriffsstutzig gescholten. Er hielt Juristen wohl generell für bekloppt. Allerdings erwies sich seine Kollegenschelte einige Male als unberechtigt und hatte vor der Gutachterstelle der Landesärztekammer oder vor Gericht keinen Bestand. Und die Polemik gegen die Behandlerseite war, selbst wenn er fachlich recht hatte, für die außergerichtlichen Verhandlungen nicht gerade hilfreich, weil sich die Doktoren und die Sachbearbeiter bei der Versicherung durch die vielen Nadelstiche natürlich auf den Schlips getreten fühlten. Bei einer Haftpflichtversicherung gab es einen ganz besonderen Fan dieses MDK-Gutachters, dem schon der Kamm schwoll, wenn er dessen Namen nur las. Die beiden beharkten sich, wie nicht anders zu erwarten, in innigster Abneigung, was in den beiderseitigen Stellungnahmen überdeutlich zum Aus-

Dr. X vom MDK und Herr Y von der Haftpflichtversicherung diskutieren über einen mutmaßlichen Behandlungsfehler.

druck kam und manchmal einer gewissen Komik nicht entbehrte. Auch wenn sich das eine oder andere MDK-Gutachten als unzutreffend erweist und zu einer vermeidbaren Klage führt, sollten Ärzte, Haftpflichtversicherungen und ihre Anwälte allerdings nicht generell über die MDK-Gutachter die Nase rümpfen, wie sie es allzu gerne tun. Im Dienste des MDK stehen durchaus auch fachlich absolut kompetente und sehr engagierte Doktoren, auf deren medizinische Einschätzung unbedingt Verlass ist. Mit ihrer Hilfe konnte ich viele Fälle außergerichtlich regulieren oder im Arzthaftungsprozess ganz oder teilweise obsiegen.

Patienten und Krankenversicherungen scheuen sich, Geld für Privatgutachten auszugeben

Was tun, wenn die Behandlerseite eine Begutachtung durch die Gutachterstelle der Landesärztekammer verweigert und das MDK-Gutachten unbrauchbar ist? Wie lässt sich dann der Vorwurf des Behandlungsfehlers ohne Prozess überprüfen?

Nur durch Beauftragung eines Privatgutachters, den der Patient allerdings aus der eigenen Tasche bezahlen muss. Leider scheuen viele diese Ausgaben. Gemeint sind natürlich nicht die Patienten, die sich eine solche Begutachtung nicht leisten können, sondern die, die sich trotz ausreichender finanzieller Mittel diesen Weg der Sachaufklärung nicht leisten wollen.

Die Beauftragung eines Privatgutachters bietet selbstverständlich keine Garantie für die Bestätigung eines Behandlungsfehlers. Natürlich kann es passieren, dass ein Privatgutachter zu einem für den Patienten negativen Ergebnis kommt, was man aber nicht nur als Schlag ins Wasser oder Geldverschwendung sehen darf. Im Gegenteil! Die Bestätigung, dass nicht ein ärztliches Versagen zu bestimmten gesundheitlichen Beschwerden geführt hat, kann es dem Patienten leichter machen, diesen schicksalhaften Verlauf als solchen auch anzunehmen. Außerdem bleibt ihm ein von vorneherein aussichtsloser, langwieriger und nervenaufreibender Prozess erspart.

Sollte die Begutachtung allerdings ein positives Ergebnis zutage fördern, hat man stichhaltige Argumente eines kompetenten, renommierten Fachmanns für die Diskussion mit Arzt und Haftpflichtversicherung, was oft eine außergerichtliche Regulierung des Falles ermöglicht.

Selbst wenn die Behandlerseite auf stur schaltet, die Ausführungen des Privatgutachtens zurückweist und nicht regulieren will, weil Privatgutachter angeblich für Geld alles bestätigen (Spezies „bezahlter Söldner" und „gedungener Schurke"), ist auch noch nichts verloren. Man muss dann zwar vor Gericht ziehen, hat aber für die Klage gute Argumente. Die Richter und auch der vom Gericht zu beauftragende Sachverständige müssen sich darüber hinaus mit dem Standpunkt des Privatgutachters auseinandersetzen, so die ständige höchstrichterliche Rechtsprechung. Tun sie dies fehlerhafterweise nicht und ist diese Unterlassung ursächlich für den Misserfolg der Klage, ist der Weg in die nächste Instanz eröffnet, in der unter Umständen die Karten neu gemischt werden.

Dasselbe gilt natürlich, wenn Krankenversicherungen von mutmaßlich falsch behandelten Patienten die weiteren, fehlerbedingten Behandlungskosten einklagen wollen. Leider verlassen sich die gesetzlichen Krankenkassen oft ausschließlich auf die Ergebnisse der MDK-Gutachten, die, wie bereits geschildert, manchmal nur bedingt aussagekräftig sind. Es wäre sicher sinnvoll, ein größeres Budget für mehr externe Begutachtungen einzurichten.

Die Drohung mit Presse und Fernsehen

So mancher Patient verhält sich ungeschickt, wenn es darum geht, mit dem Arzt über einen möglichen Behandlungsfehler zu sprechen. Woran liegt das? Zum einen sicherlich an der fachlichen Unterlegenheit gegenüber dem Arzt. Den Leuten fehlen in der Regel ausreichende medizinische Kenntnisse, um sich vernünftig und auf den Punkt zu äußern. Dieses ungute Gefühl, dem Arzt so ganz und gar unterlegen zu sein, von ihm vielleicht nicht ernst genommen zu werden, führt wiederum zu allerlei merkwürdigen Verhaltensweisen. Die einen treten anbiedernd bis unterwürfig auf, andere werden aggressiv und beschimpfen den Arzt. Am wenigsten hilfreich ist erfahrungsgemäß die Drohung mit einem gesalzenen Artikel in der Presse oder einem Fernseh-Interview.

Wenn ich gefragt wurde, was ich von der Medien-Keule halte, war meine Antwort stets dieselbe: gar nichts. Erstens weiß man am Anfang nicht, ob sich der Verdacht eines Fehlers am Ende bestätigen lässt. In den Medien voreilig einen Behandlungsfehler einfach zu behaupten, kann unangenehme zivil- und strafrechtliche Folgen für den Patienten haben. Zweitens verhärtet dieses Vorgehen die Fronten: Wer als Arzt im Internet, in Presse oder Fernsehen ohne gerichtliche, gutachterliche Feststellung eines Behandlungsfehlers durch den Kakao gezogen wird, wird sich wahrscheinlich nicht kooperativ verhalten. Der Patient hintertreibt damit selbst eine zügige Aufklärung und Schadenregulierung. Drittens ziehen auch die Richter später die Augenbrauen hoch, wenn sie erfahren, dass der Kläger versucht hat, den beklagten Arzt noch vor einer unabhängigen Begutachtung im Rahmen des Arzthaftungsprozesses in den Medien anzuschwärzen. Diese versuchte Vorverurteilung verbessert definitiv nicht die Chancen des Patienten, seinen Prozess zu gewinnen.

Und viertens ist es schlechter Stil.

Angeblich gefälschte Behandlungsunterlagen

Man hört sie immer wieder – von Patienten, aber auch von Anwaltskollegen –, die Behauptung, dass Ärzte die Behandlungsunterlagen gefälscht haben, um Fehler zu vertuschen.

Das ist leicht und schnell dahingesagt. Bei den Patienten als medizinische und juristische Laien kann man solche Behauptungen ins Blaue hinein unter Umständen vielleicht noch verstehen und es ihnen nachsehen. Die Anwälte, die diese Behauptung jedoch ungeprüft, ohne vorherige Einsichtnahme in die Unterlagen übernehmen oder sie selbst aufstellen, lassen dabei allerdings die nötige Distanz zu ihrer Mandantschaft und das nötige Fingerspitzengefühl in außergerichtlichen Verhandlungen und bei der Prozessführung vermissen. Immerhin unterstellt man der Behandlerseite Straftaten, sodass sich Patient und Anwalt nicht wundern dürfen, wenn sich ein Arzt nach einer solchen Unterstellung gegen eine außergerichtliche Regulierung sträubt und auch im Prozess keinerlei Bereitschaft zum Abschluss eines Vergleiches zeigt, sollte sich ein Behandlungsfehler herauskristallisieren.

In all den Jahren hatte ich nur mit drei Fällen zu tun, bei denen tatsächlich das Krankenblatt von den Ärzten manipuliert worden war, was zu erheblichem Ärger für diese Herrschaften führte. Auch deren Haftpflichtversicherungen hatten für derart kriminelles Verhalten keinerlei Verständnis.

Einen ganz typischen Fall möchte ich Ihnen nicht vorenthalten. Derartiges passiert gar nicht so selten. Eine Mandantin behauptete, eine größere Gemeinschaftspraxis habe die Kartei ihres verstorbenen Ehemannes gefälscht. Sie berichtete mir Folgendes: Ihr Mann sei zu einem Arzttermin gefahren, um verschiedene Routineuntersuchungen durchführen zu lassen, wie z. B. EKG und bestimmte Blutwerte (Cholesterinspiegel, Leberwerte usw.), was man eben untersuchen lässt, wenn man nicht mehr der Jüngste ist. Danach habe er sie angerufen und erzählt, dass alles soweit in Ordnung sei, vor allem auch das EKG. Er wollte noch einen Kaffee trinken und dann wieder nach Hause fahren. Kurz nachdem er das Café verlassen hatte, brach er auf der Straße zusammen und verstarb sogleich an einem Herzinfarkt. Die Witwe konnte nicht verstehen, dass in der Arztpraxis, wo ihr Mann nur wenige Stunden vorher untersucht worden war, keine alarmierenden Hinweise (vor allem im EKG) auf den drohenden Infarkt festgestellt wurden, und vermutete, dass bei der Auswertung des EKGs Fehler passiert sein mussten. Ich forderte die Behandlungsunterlagen in der Praxis an, und siehe da: Der Patient war laut Kartei an seinem Todestag überhaupt nicht in der Praxis vorstellig geworden, was auch die Arzthelferinnen bestätigten. Die Witwe meinte sofort zu wissen, dass dieses Krankenblatt gefälscht worden sein musste, und verlangte von mir, Strafanzeige bei der Staatsanwaltschaft zu stellen, was ich ablehnte. Zu Recht, wie sich später erwies. In Wirklichkeit hatte ihr Mann keinen Arzttermin vereinbart, sondern diesen Vorwand benutzt, um sich mit seiner Freundin zu treffen.

Aus Fehlern lernen

Das waren also die Spitzenreiter: Die häufigsten Probleme, Missverständnisse, ungeschickten Verhaltensweisen und Provokationen, wenn Arzt und Patient miteinander zu tun haben und miteinander reden oder – viel häufiger – zu wenig miteinander reden.

Lassen wir uns aber nicht entmutigen. Nicht alle, aber manche dieser Verhaltensweisen können, wenn sich alle Beteiligten bemühen, abgestellt werden.

Denken Sie daran, sollten Sie selbst einmal einen Behandlungsfehlerverdacht haben oder von einem Patienten mit diesem Vorwurf konfrontiert werden!

3. Kapitel
Warum scheitern Patienten so oft in Arzthaftungsprozessen?

Warum ist es nach wie vor für Patienten so schwierig, in einem Arzthaftungsprozess nachzuweisen, dass der Arzt oder die Klinik falsch behandelt haben und sie deshalb bestimmte gesundheitliche Beschwerden und finanzielle Nachteile erlitten haben und noch erleiden werden?

Es ist eine Mischung aus ganz unterschiedlichen Gründen, die den Patienten und ihren Rechtsanwälten vor Gericht das Obsiegen schwermachen. Auch hier ist die Liste der Probleme lang.

Fehlende Rechtsschutzversicherung

Denkt man an das sperrige Wort „Rechtsstreit", hat man vielleicht einen Prozess nach einem Verkehrsunfall vor Augen, dessen Abwicklung durch die Kfz-Haftpflichtversicherung gedeckt ist. Und für Schäden durch die lieben Kleinen steht die private Haftpflichtversicherung gerade. Stimmt natürlich. Aber was ist mit *Ansprüchen wegen fehlerhafter Behandlung durch einen niedergelassenen Arzt oder in einer Klinik*?

Jeder von uns ist ein Patient. Unser ganzes Leben lang unterziehen wir uns einer Vielzahl ärztlicher Behandlungen – mehr oder weniger freiwillig. Mit unserer Geburt fängt es an. Ob wir wollen oder nicht, werden wir aus dem Mutterleib gepresst oder, wenn's nicht vorangeht, per Kaiserschnitt auf die Welt gebracht, eine Prozedur, bei der Kind und Mutter alles Mögliche passieren kann. Weiter geht's mit Babys Vorsorgeuntersuchungen, bei denen wichtige Krankheitssymptome übersehen werden können. Es folgen Kinderkrankheiten und banale Infekte. Brüche bei Spiel und Sport bieten vielfältige Gelegenheiten, falsch zusammengeschraubt zu werden. Dann eine Entbindung zwecks eigenem Nachwuchs, die ohne Dammriss, Gebärmutterriss und lebensbedrohliche Blutung überstanden sein will. Und das Baby sollte nicht zu lange im Geburtskanal stecken, um nicht einen Hirnschaden wegen Sauerstoffmangels zu erleiden. Eine Blinddarmoperation bietet die Chance auf Bauchfellentzündung und Blutvergiftung, wenn eine Naht am Darm aufgeht. Wer Gallensteine hat, kann sich bei der minimal-invasiven Entfernung (Stichwort „Knopflochchirurgie") seiner Gallenblase auf die versehentliche Durchtrennung seines Gallengangs freuen. Oder man wird beim Umlagern von der Transportliege auf die Röntgenliege von den Krankenschwestern fallen gelassen mit der Folge eines Oberschenkelhalsbruches. Alles schon dagewesen.

Patient zu sein heißt, Gefahr zu laufen, dass schicksalhaft eine Komplikation eintritt oder ein ärztlicher/pflegerischer Fehler passiert, der zu vorübergehenden oder bleibenden gesundheitlichen Schäden führt.

Erstaunlicherweise gibt es auch heutzutage noch immer Menschen, die ohne Rechtsschutzversicherung durchs Leben gehen. Was aber, wenn ein Behandlungsfehler passiert und mit dem Arzt und dessen Haftpflichtversicherung keine gütliche Einigung möglich ist? Dann muss der Patient wohl oder übel den Rechtsweg beschreiten, um angemessenen Schadenersatz zu erlangen – ein schwieriges, langwieriges, meist teures Unterfangen, vor dem Patienten ohne Rechtsschutz häufig – zu Recht – zurückschrecken.

Als Selbstzahler vor Gericht zu ziehen, sollte sich jeder auch wirklich gut überlegen. So mancher Patient, der es trotzdem ohne Rechtsschutz versucht, zieht nach der ersten Instanz die Reißleine und geht im Falle eines Unterliegens nicht in die Berufung, um nicht zu riskieren, auf noch höheren Prozesskosten sitzen zu bleiben. Und auf dem Anwalt lastet bei solchen Selbstzahler-Mandaten eine noch größere Verantwortung als ohnehin schon.

Ich persönlich habe nur eine Handvoll Patienten ohne Rechtsschutz in Arzthaftungsprozesse geführt. An einen Fall erinnere ich mich noch sehr gut, zum einen, weil der Mandant ein ganz besonders netter, sympathischer Mann war – gebürtiger Italiener –, zum anderen, weil in genau diesem Verfahren ohne Versicherungsschutz etwas ganz Ungewöhnliches passierte: Nachdem der vom Gericht bestellte Sachverständige sein Gutachten schriftlich fertiggestellt hatte, verstarb er – höchstwahrscheinlich ein plötzlicher Herztod. Nun musste ein neuer Sachverständiger beauftragt werden und mein Mandant musste erneut die Kosten für den Sachverständigen verauslagen, wieder mehrere Tausend Euro. „Murphy's Law"[67] war mein erster Gedanke! So etwas passiert natürlich ausgerechnet dann, wenn der Kläger nicht rechtsschutzversichert ist. Am Ende gab es eine schöne Regulierung und einen zufriedenen Mandanten. Zwischendurch hat der gute Mann aber ganz bestimmt Blut und Wasser geschwitzt.

Man sollte also unbedingt rechtsschutzversichert sein. Vor Abschluss der Versicherung muss man sich allerdings gründlich informieren, von welchen Versicherungsgesellschaften man besser die Finger lässt. Nicht die Höhe der Jahresprämie darf den Ausschlag geben, sondern die Kooperationsbereitschaft der Versicherung mit der Anwaltschaft und die Bereitschaft,

---

67 Murphys Gesetz: Lebensweisheit, die auf den amerikanischen Ingenieur Edward Murphy jr. zurückgeht und eine Aussage über menschliches Versagen und Fehlerquellen macht: „Anything that can go wrong will go wrong." Zu Deutsch: „Alles, was schiefgehen kann, wird auch schiefgehen."

ohne Wenn und Aber Deckung zu erteilen, wenn ein Sachverhalt ordentlich vorgetragen ist und die Sache nicht von vorneherein aussichtslos scheint – auch bei hohen Streitwerten, die zu hohen Kosten für die Rechtsschutzversicherung führen.

Über ein paar Rechtsschutzversicherer – es sind immer dieselben Verdächtigen – kann so mancher Anwalt ein langes Klagelied anstimmen. Trotz ausführlicher Schilderung wird von dort gebetsmühlenartig nachgefragt, worin denn der Behandlungsfehlervorwurf bestehen soll, obwohl alles Wissenswerte im Schriftsatz steht und der Sachbearbeiter doch des Lesens kundig sein müsste. Oder es wird eine Benennung der Fotokopien verlangt, die abgerechnet werden. Manchmal wird keck behauptet, vor Erteilung einer Deckungszusage für eine Klage müsse erst ein Gutachterverfahren durchgeführt werden, obwohl dies keine vertragliche Bedingung ist. Es wird versucht, bei Geburtsschadenfällen den Streitwert auf einen viel zu geringen Betrag zu deckeln, obwohl in Wirklichkeit auf Eltern und Kind ein Schaden in Millionenhöhe zukommen kann. Dieses Taktieren der Versicherung und Schikanieren des Anwalts dient einzig dem Zweck, um eine Deckungszusage herumzukommen und Geld zu sparen. In einem Fall blieb die Versicherung trotz mehrerer Anschreiben, auch an den Vorstand, konsequent stumm. Erst nach Einschalten der Bundesanstalt für Finanzdienstleistungsaufsicht (BaFin) tauchte die zuständige Sachbearbeiterin aus der Versenkung auf und erteilte die erbetene Deckungszusage.

Es lohnt sich auf jeden Fall, vor Auswahl der Versicherung einen Anwalt zu fragen, welche zu empfehlen ist.

Viele Klagen sind von vorneherein aussichtslos

So manche Klage dürfte nie erhoben werden, wird es aber, weil ein falsch positives Gutachten einen Fehler bestätigt, der zu den Beschwerden des Patienten geführt haben soll, oder der Anwalt sich vor Klageerhebung nicht ausreichend über die medizinischen Probleme informiert hat oder die Klage nur aus monetären Gründen erhebt.

Dann wäre da noch die Aufklärungsrüge, die mittlerweile fast routinemäßig von vielen Anwälten erhoben wird, weil sie – wie ein Richter eines Oberlandesgerichts einmal so treffend formuliert hat – wohlfeil ist. Klagen, die sich ausschließlich oder schwerpunktmäßig auf die Rüge der fehlerhaften Aufklärung des Patienten vor einem ärztlichen Eingriff stützen, sind jedoch häufig Totgeburten.

Wie man ja weiß, muss der Arzt vor Durchführung eines Eingriffes, wie zum Beispiel einer Operation, den Patienten über bestimmte Risiken und Komplikationen aufklären und ihm eine für ihn als Laien nachvollziehbare Vorstellung von dieser Operation vermitteln. Diese Aufklärung hat so rechtzeitig zu erfolgen, dass der Patient sich noch in Ruhe darüber Gedanken machen kann, ob er nach Abwägen des FÜR und WIDER den Eingriff tatsächlich vornehmen lassen will. Für diese inhaltlich korrekte und rechtzeitige Aufklärung trägt der Arzt im Kunstfehlerprozess die Beweislast, was so manchen Patienten und Anwalt verleitet, die Aufklärungsrüge quasi als zweites Standbein für die Klagebegründung zu erheben, falls sich kein Behandlungsfehler nachweisen lässt.

Viele Patienten behaupten auch im Brustton der Überzeugung, es hätte definitiv vor der Operation kein Aufklärungsgespräch gegeben. Sie hätten einfach nur den Aufklärungsbogen unterschrieben. Manche erzählen sogar, sie hätten nicht einmal einen Aufklärungsbogen unterzeichnet, da seien sie sich 100-prozentig sicher. Was aber, wenn die Behandlerseite im Prozess trotzdem einen vom Patienten rechtzeitig unterschriebenen Aufklärungsbogen vorlegt oder der Arzt in überzeugender Weise berichten kann, dass er den Patienten aufgeklärt hat beziehungsweise wie er für gewöhnlich die Patienten in solchen Fällen aufzuklären pflegt?

Solche Bruchlandungen passieren immer wieder. Wieso eigentlich?

Die Antwort ist erschreckend einfach. Manche Patienten sagen beim Thema Aufklärung ganz bewusst die Unwahrheit. Gelegenheit dazu bietet sich natürlich besonders dann, wenn im Vorfeld des Prozesses vom Arzt oder der Klinik kein Aufklärungsbogen vorgelegt wurde, warum auch immer.

Andere können sich beim besten Willen tatsächlich nicht mehr an eine Aufklärung oder Unterschrift erinnern, was eigentlich nicht verwundern darf. Als Patient muss man laufend irgendwelche Formulare ausfüllen und unterschreiben. Da kann der Überblick leicht verloren gehen. Dies besonders auch, weil viele Patienten sich im Klinikbetrieb unsicher und überfordert fühlen und nervös sind, nicht zuletzt angesichts bevorstehender Untersuchungen und Behandlungen. Auch ein noch so ausführliches Aufklärungsgespräch kann dann verdrängt und vergessen werden. In der eigenen Familie hatte ich zu diesem Thema ein Aha-Erlebnis: Ich begleitete eine Angehörige zum Aufklärungsgespräch beim Chefarzt vor einer orthopädischen Operation. Der Doktor erklärte den Eingriff, alle Risiken und möglichen Komplikationen ausführlich und für medizinische Laien verständlich und zeigte uns zur Veranschaulichung auch anhand eines Röntgenbildes, was bei der Operation wie gemacht werden sollte. Er erkundigte sich gewissenhaft, ob die Patientin alles verstanden hätte, was sie bejahte, und ob sie noch Fragen hätte, was sie verneinte. Sie unterschrieb den Aufklärungsbogen und wir verließen das Arztzimmer. Wenige

Minuten später sagte sie dann ganz entrüstet: „Du, Mona, der Doktor hat jetzt aber keinen Ton gesagt, ob bei der Operation irgendwas schiefgehen kann." Da war ich ganz schön platt.

Man ist als Anwalt gut beraten, sich auf die Aufklärungsrüge im Kunstfehlerprozess nicht zu sehr zu verlassen, selbst wenn zunächst von der Behandlerseite kein Aufklärungsbogen vorgelegt wurde. Das schließt böse Überraschungen keineswegs aus.

Die Verteilung der Beweislast

Im Arzthaftungsprozess kann der Patient nur obsiegen, wenn ihn der Arzt nachweislich entweder nicht, nicht rechtzeitig oder nicht im erforderlichen Umfang vor einem Eingriff aufgeklärt hat oder wenn dem Arzt ein Behandlungsfehler unterlaufen ist, der zu gesundheitlichen und materiellen Schäden beim Patienten geführt hat. Für die korrekte Aufklärung ist der Arzt beweisbelastet, für den Behandlungsfehler und dessen Folgen der Patient.

In den meisten Fällen gelingt den Ärzten der Nachweis einer ordnungsgemäßen Aufklärung – auch in Fällen, bei denen die Behandlung und damit das Aufklärungsgespräch schon geraume Zeit zurückliegen. Die Karlsruher Richter haben in ihrer Rechtsprechung dem Umstand Rechnung getragen, dass ein Arzt sich nach Ablauf einer gewissen Zeit naturgemäß nicht mehr an ein einzelnes Aufklärungsgespräch erinnern kann, und halten es daher für ausreichend, wenn der Medicus darlegt, wie er üblicherweise einen Patienten in einer solchen Situation aufzuklären pflegt. Macht der Arzt bei seiner Aussage vor Gericht einen „guten Eindruck", was fast ausnahmslos gelingt, wird ihm geglaubt, was er zur Aufklärung vorbringt.

Der Patient hingegen hat es beim Nachweis des Behandlungsfehlers ungleich schwerer. Patient und Anwalt sind in der Regel nicht medizinisch vorgebildet und haben keinen Einblick in die internen Abläufe einer Praxis oder einer Klinikabteilung. Der Arzt hat jedoch das nötige Fachwissen, um sich zu entlasten, und kennt alle Strukturen in seinem Aufgabenbereich.

Patienten und Krankenversicherungen, die für Folgebehandlungen von (mutmaßlichen) Behandlungsfehlern erhebliche Summen berappen müssen, empfinden diese Verteilung der Beweislast selbstverständlich als ungerecht und fordern immer wieder eine grundsätzliche Umkehr der Beweislastverteilung: Der Arzt müsse bei jedem Behandlungsfehlervorwurf nachweisen, fehlerfrei, also den Regeln der ärztlichen Kunst entsprechend, behandelt zu haben.

Das ist leicht dahingesagt. Ich persönlich halte diese Idee aus vielerlei Gründen für nicht hilfreich. Im Gegenteil, die Patienten – also wir alle – hätten am Ende davon mehr Nachteile als Vorteile.

Erstens wäre eine solche Beweislastverteilung ein Bruch im Rechtssystem unseres Bürgerlichen Gesetzbuches. Grundsätzlich muss in Deutschland bei jeder Art von Vertrag nicht der Schuldner beweisen, dass er seine Leistung fehlerfrei erbracht hat, sondern der Gläubiger muss beweisen, dass der Schuldner nicht fehlerfrei geleistet hat. Um für den Arztvertrag eine Ausnahme zuzulassen, bedarf es eines triftigen Grundes. Allein der missliche Umstand, dass es für Patienten oft schwierig ist, den Nachweis eines Behandlungsfehlers zu führen, weil sie keine medizinischen Kenntnisse und keinen Einblick in praxis- und krankenhausinterne Abläufe und Strukturen haben, reicht nach meinem Dafürhalten nicht aus. In anderen Lebensbereichen gibt es fast identische Probleme: Man denke nur an die Beauftragung von Handwerkern, Architekten und Bauunternehmern. Auch bei diesen Vertragsverhältnissen müssen die Auftraggeber als Gläubiger den Schuldnern nach der Abnahme des Werkes nachweisen, dass sie Fehler bei handwerklichen Leistungen oder beim Hausbau gemacht haben, die zu finanziellen Schäden der Auftraggeber geführt haben. Auch diese Auftraggeber stehen in aller Regel den Schuldnern als handwerkliche und bauunternehmerische Laien ohne Spezialkenntnisse gegenüber. In solchen Prozessen ist ebenfalls eine umfangreiche Beweisaufnahme durch Erholung von (manchmal sogar mehreren) Sachverständigengutachten erforderlich. Sie ziehen sich, genau wie Arzthaftungsprozesse, nicht selten über mindestens zwei Instanzen und mehrere Jahre und kosten die Kläger enorm viel Geld.

Zweitens würde man bei allen nach einem ärztlichen Eingriff auftretenden Komplikationen den Arzt unter eine Art Generalverdacht stellen, Verursacher der Komplikationen zu sein. Dies würde nicht nur für schicksalhaft schlechte Verläufe, sondern auch für solche Komplikationen gelten, die vom Patienten selbst mangels Einsicht und Mitarbeit (Stichwort: mangelnde Compliance) verursacht worden sind. Unvernünftigen Patienten, die partout ärztliche Ratschläge und Anweisungen nicht befolgen wollen, von denen es leider auch nicht wenige gibt, wäre der Arzt gnadenlos ausgeliefert. Das stellt in meinen Augen eine unbillige Härte und nicht zumutbare Belastung für die Behandlerseite dar.

Drittens könnte ich mir vorstellen, dass so mancher bestens qualifizierte Arzt unter diesen Bedingungen Deutschland den Rücken kehren und dorthin gehen würde, wo seiner Zunft nicht ein haftungsrechtlich so eisiger Wind ins Gesicht weht. Unsere Regierungen haben in den letzten 20 Jahren ein für die Ärzteschaft mittlerweile unzumutbares Gesundheitssystem geschaffen und schon genug Mediziner vergrault, die jetzt im Ausland unter deutlich besseren Arbeitsbedingungen und bei attraktiveren Verdienstmöglichkeiten als hierzulande praktizieren. Wir sollten in der Medizin nicht noch mehr gute Leute verlieren.

Die Patienten hätten viertens Schwierigkeiten, Ärzte für besonders riskante und komplikationsträchtige Eingriffe zu finden. Man stelle sich nur einmal eine große, schwierige Operation bei einem schwerkranken Menschen vor – ein Unterfangen, bei dem zahlreiche Komplikationen quasi vorprogrammiert sind. Und für alle eintretenden Komplikationen müssten sich die Operateure und nachbehandelnden Ärzte entlasten und beweisen, dass nicht sie durch einen Fehler die Komplikationen verursacht haben, sondern selbige schicksalhaft und unvermeidlich sind. Das kann nicht funktionieren. Infolge davon wird es so mancher Chirurg ablehnen, einen derart schwierigen Fall zu operieren aus berechtigter Angst vor dem Ärger durch einen praktisch unausweichlichen Behandlungsfehlervorwurf. Das Motto würde einfach lauten: Finger weg von heißen Eisen, was sicher nicht im Sinne eines schwerkranken Patienten, der auf die Operation angewiesen ist, sein dürfte.

Fünftens würde eine derartige Beweislastverteilung die Prämien für die ärztliche Haftpflichtversicherung in astronomische Höhen schnellen lassen, vor allem in den chirurgischen Fächern und in der Geburtshilfe. Junge Kollegen würde das von einer Niederlassung eher abhalten als dass es sie zu einer Praxisübernahme motivieren würde. Wir brauchen aber wieder mehr Arztpraxen, nicht noch weniger.

Die drastische Erhöhung der Haftpflichtprämien würde sechstens natürlich auch das Budget der Krankenhäuser zusätzlich belasten, vor allem in großen Häusern mit mehreren chirurgischen Abteilungen: Bauchchirurgie, Thoraxchirurgie, Gefäßchirurgie, Unfallchirurgie, Neurochirurgie, Orthopädie, Urologie, Gynäkologie und natürlich Geburtshilfe, das haftungsrechtlich wahrscheinlich rutschigste Pflaster für Ärzte. Um die Mitarbeiter all dieser Abteilungen zu versichern, wären horrende Prämien fällig. Da die Krankenhausträger nicht bereit wären, ihre Gewinne hierdurch schmälern zu lassen, würden wieder einmal

Sparmaßnahmen folgen, wie z. B. weiterer Stellenabbau in den Krankenhäusern, was nicht zum Wohle der Kranken wäre, denn gespart würde natürlich nicht im Sektor Verwaltung, sondern bei den Arzt- und Pflegestellen.

Siebtens würden die Krankenhausträger alsbald versuchen, auch über eine Erhöhung der Vergütung der Leistungen im Krankenhaus die Mehrkosten auf die Kostenträger abzuwälzen, also die gesetzlichen und privaten Krankenversicherungen. Dies wiederum würde zu einem Anstieg der Beiträge für alle Versicherten führen. Im Ergebnis müssten die Patienten mehr für ihre Behandlungen im Krankenhaus bezahlen, auch ein Effekt, den man den Versicherten nicht verschweigen darf. Erwünscht ist er sicherlich nicht, zumal in Deutschland, dem Land der nimmermüden Schnäppchenjäger, wo Geiz ja besonders geil ist.

Achtens würde ein Generalverdacht zu Lasten der Ärzte so manchen geldgierigen Raffzahn auf den Plan rufen, der sich mit einem Behandlungsfehlervorwurf eine bequeme Geldquelle erschließen möchte. Nichts einfacher, als nach Eintreten von schweren Komplikationen den Vorwurf eines Behandlungsfehlers zu erheben, weil ja die Behandlerseite sich grundsätzlich entlasten muss. Motto: Probieren kann man's ja!

Diese Beweislastverteilung in einem Arzthaftungsprozess würde neuntens zu einem noch engeren Schulterschluss – als derzeit manchmal schon zu beobachten – zwischen dem verklagten Arzt und dem vom Gericht beauftragten Sachverständigen führen. Die Kollegen hätten dann wirklich häufig Grund, zusammenzuhalten.

Und zehntens würde diese Beweislastverteilung zu einem explosionsartigen Ansteigen von Behandlungsfehlervorwürfen und Arzthaftungsprozessen führen. Die Gerichte würden innerhalb kurzer Zeit mit Klagen von Patienten geradezu überflutet. Da die öffentliche Hand kein Geld hat oder es zumindest nicht im Bereich der Daseinsvorsorge ausgeben will, zu der auch die

Rechtspflege gehört, ist nicht zu erwarten, dass der Ansturm von klagewütigen Patienten und Anwälten schlicht und einfach mit einer Erhöhung der Zahl der Richterstellen und sonstigen Beschäftigten bei der Justiz bewältigt würde. Seit Jahren schon werden an den Gerichten Stellen abgebaut. Dieser Trend wird sich fortsetzen, nicht umkehren. Im Ergebnis würden die dann rechtshängigen Prozesse noch länger dauern, als es jetzt schon der Fall ist. Auch nicht im Interesse der Patienten!

Die Richter und Justitia

Wie schon eingangs zitiert, soll man bekanntlich auf hoher See und vor Gericht in Gottes Hand sein. So ganz verkehrt ist dieses Sprichwort in der Tat nicht. Als passionierter Segler war ich aber lieber auf hoher See als vor einigen Richtertischen.

Justitia, Göttin der Gerechtigkeit – wenigstens theoretisch

Bevor die Richterschelte an die Adresse einiger Damen und Herren nun ihren Lauf nimmt, möchte ich ausdrücklich betonen, dass die meisten Richter, mit denen ich in all den Jahren zu tun hatte, einen wirklich guten Job gemacht haben, wie man heute zu sagen pflegt. Sie waren auf den Fall gut vorbereitet, setzten sich ernsthaft und unvoreingenommen mit den beiderseitigen Argumenten auseinander, gaben Arzt und Patient geduldig Gelegenheit, ihren Standpunkt persönlich vorzutragen, hatten Verständnis für manchmal auch sehr heftige emotionale Reaktionen der Patienten und Ärzte (nicht selten flossen Tränen), diskutierten mit uns Anwälten die rechtlichen Probleme in der gebotenen Ausführlichkeit und scheuten keine noch so umfangreiche Beweisaufnahme durch Zeugenbefragungen und Sachverständigengutachten. Insofern waren Gerichtstermine für mich, aber auch für viele meiner Mandanten, meistens eine wirklich positive Erfahrung.

Ganz anders allerdings die Erfahrungen mit ein paar Damen und Herren in schwarzer Robe, die keine Zierde ihrer Zunft waren. Da fehlte es ganz offensichtlich an einer angemessenen Kenntnis der Akte, an Erfahrung in der Verhandlungsführung, an Lebenserfahrung, an rechtlichen Kenntnissen, an der Bereitschaft, sich mit medizinischen Problemen auseinanderzusetzen, an der Fähigkeit, eine persönliche Abneigung gegen eine Partei oder deren Anwalt hintanzustellen, und manchmal ganz allgemein an der Lust zu arbeiten. Die Mandanten waren angesichts dieser Erfahrung erstaunt, erschüttert und enttäuscht, dass es außer den Rechtsmitteln der Berufung oder Revision keine Möglichkeit gibt, sich als Rechtsuchender gegen solche Richter zur Wehr zu setzen, zumal die Rechtsmittel hierfür nur eine mäßig taugliche Abwehrmöglichkeit darstellen, da sie nur unter ganz bestimmten Voraussetzungen erfolgreich geführt werden können. Auch die Ablehnung solcher Richter hilft nicht weiter, im Gegenteil.

Ein paar Beispiele sind erzählenswert.

Ein Fall zog sich zunächst über mehrere Jahre hin aufgrund der Schwangerschaft einer Zeugin und mehrerer Richterwechsel (ebenfalls wegen Schwangerschaften), bevor endlich in der Sache verhandelt werden konnte. Die erkennende Richterin war ganz offensichtlich daran interessiert, den Fall möglichst zügig zum Abschluss zu bringen, und lehnte einen weiteren Beweisantrag beziehungsweise Sachvortrag mit der Begründung ab, dass die Klagepartei – wie die ungewöhnlich lange Verfahrensdauer zeige – wohl schon Gelegenheit genug gehabt hätte, ihren Standpunkt vorzutragen und Beweise anzubieten. Jetzt müsse man endlich zu einem Ende kommen. Welch seltsames Verständnis des rechtlichen Gehörs, das sich wohl nicht allein an der Verfahrensdauer messen lässt – noch dazu, wenn das Verfahren über Jahre brachliegt, noch dazu aus Gründen, die die Klagepartei nicht zu vertreten hat!

In einem anderen Fall lernte ich eine recht eigenwillige Definition des Anspruchs auf Schmerzensgeld kennen. Mein Mandant litt an einer ganz erheblichen Knieinstabilität, weswegen er sich einer Knieoperation unterzog. Der beklagte Arzt wählte einen völlig falschen Prothesentyp aus, nämlich eine sogenannte nicht-gekoppelte Prothese. Richtigerweise hätte er eine gekoppelte Prothese einsetzen müssen, um dem Knie wieder Stabilität zu verleihen, eigentlich der einzige Zweck der Operation. Aufgrund dieser Fehlentscheidung hatte der Kläger auch postoperativ weiterhin unter der Knieinstabilität zu leiden, die ihn beim Gehen so massiv beeinträchtigte, dass er sich einer weiteren Operation unterziehen musste. Er forderte Schmerzensgeld und materiellen Schadenersatz. Der Richter erklärte in der Verhandlung zu unserem großen Erstaunen, dass man Schmerzensgeld bekanntlich bloß bekomme, wenn man Schmerzen habe, aber doch nicht, wenn nur das Knie wackele. Also bitte!

In einem anderen Fall verklagte ich im Auftrag einer gesetzlichen Krankenversicherung den Freistaat Bayern als Krankenhausträger. Der Vorsitzende der Kammer hatte einen gequälten Gesichtsausdruck, als er zu mir sagte: „Was wollen Sie denn schon wieder hier mit so einer Klage. Krankenkasse und Freistaat – das ist doch sowieso ein und derselbe Topf." Da merkt man doch gleich, wie viel Freude ein Mensch aus seiner Arbeit zu schöpfen vermag.

Die Richter versuchen meist, die Parteien zu einer Beilegung des Rechtsstreits durch Abschluss eines Vergleiches zu motivieren, wogegen im Grunde nichts einzuwenden ist. Wenn die Rechtslage nicht ganz klar ist, eine aufwendige, teure Beweisaufnahme ansteht, der Prozess sich noch über längere Zeit hinziehen würde und – natürlich – „wenn der Betrag stimmt", kann ein Vergleich durchaus eine salomonische Lösung für alle Beteiligten sein. Manche Herrschaften in schwarzer Robe übertreiben es aber mit ihren Versuchen, Parteien und Anwälten einen Vergleich förmlich aufzuzwingen, und reagieren ausgesprochen säuerlich, wenn man sich nicht durchringen kann, ihren Vorschlag zu akzeptieren. Dabei haben Kläger und Beklagter kraft Gesetzes einen Anspruch auf Beendigung des Rechtsstreits durch Urteil, wofür bisweilen auch gute Gründe sprechen. Fordert ein Kläger beispielsweise wegen eines erheblichen gesundheitlichen Schadens 100.000 Euro Schmerzensgeld, darf sich das Gericht nicht wundern, wenn der Kläger einen Vergleichsvorschlag über 5.000 Euro nicht anzunehmen gewillt ist angesichts der gesundheitlichen Probleme, mit denen er täglich zu kämpfen hat. Viele Patienten fühlen sich durch solche Angebote, die im Juristen-Jargon dann auch noch als Lästigkeitsvergleich bezeichnet werden, schlichtweg verschaukelt. Eine Mandantin flüsterte mir, nachdem der Richter einen solchen Vergleichsvorschlag unterbreitet hatte, ins Ohr: „Will der mich jetzt auf den Arm nehmen? Der spinnt doch!" Oder es geht um nichts weniger als die wirtschaftliche Existenz eines geschädigten Patienten, der sich fehlerhaft behandelt wähnt und nicht beziehungsweise nicht mehr in seinem früheren Beruf arbeiten kann. Auch in solchen Fällen kommen Almosen-Vergleiche nicht in Frage. Gleiches gilt für Krankenkassen, wenn sie Folgebehandlungskosten von mutmaßlichen Behandlungsfehlern einklagen wollen, wozu sie sogar verpflichtet sind. Solche Folgekosten sollen gerade nicht von der Solidargemeinschaft der Beitragszahler, sondern von der Haftpflichtversicherung des beschuldigten Arztes/Krankenhauses getragen werden. Das aber wollen manche Richter nicht begreifen. Ihre Nötigungsstrategie verfolgen sie in der Absicht, sich den Fall ohne weitere Arbeit möglichst rasch vom Halse zu schaffen: Vergleich vorgeschlagen, Vergleich angenommen, Akte zu, Affe tot. Und ein offenes Verfahren weniger in der Statistik.

Schließlich wird so manche Arzthaftungsklage abgewiesen, weil eine Klageabweisung für den Richter leichter und mit viel weniger Arbeitsaufwand zu begründen ist als die Stattgabe einer Klage nach mühsam durchgeführter Beweisaufnahme zur Schadenhöhe. Gerne wird auch Verjährung unterstellt, auch da, wo sie noch nicht eingetreten ist, was dem Gericht dann die Beweisaufnahme zur Frage des Behandlungsfehlers erspart. Im Fall einer schwerkranken Patientin mit Rückenmarksverletzung ging das Landgericht von Verjährung aus, ohne darüber Beweis zu erheben, obwohl dies unsererseits angeboten wurde. Das Oberlandesgericht führte diese Beweiserhebung in der Berufung durch – und siehe da: Der Fall war noch nicht verjährt!

Justitia bohrt das Brett manchmal leider an der dünnsten Stelle an. Verlierer dabei sind immer die Patienten.

Das Selbstverständnis der Sachverständigen

An manchen Gerichten gibt es mittlerweile spezielle Arzthaftungskammern, bei denen alle Arzthaftungsklagen gebündelt sind. Durch die wiederholte Beschäftigung mit der Materie entwickeln interessierte Richter durchaus beachtliche medizinische Kenntnisse, die allerdings trotzdem nicht ausreichen, um die Frage: „Falsch behandelt oder nicht?" beantworten zu können. Oft entscheiden jedoch mehrere oder alle Spruchkörper eines Gerichts über Arzthaftungsprozesse, sodass sich auf diese Weise kaum Spezialkenntnisse bei den Richtern entwickeln.

Für alle Fälle, in denen dem Gericht der nötige Sachverstand fehlt, sieht die Zivilprozessordnung, also die Verfahrensordnung für bürgerlich-rechtliche Streitigkeiten bei allen Zivilgerichten, vor, ein Gutachten eines Sachverständigen einzuholen. Diesen Sachverständigen kommt im Arzthaftungsprozess eine ganz wichtige, um nicht zu sagen *die entscheidende Rolle* zu.

Der Sachverständige muss zunächst fachlich kompetent sein, also aus demselben Facharztgebiet kommen wie der beklagte Arzt oder die beklagte Klinik. Ferner muss er sein Gutachten unparteiisch erstatten, darf sich also nicht von falsch verstandener Kollegialität leiten lassen und den beklagten Arzt zu Unrecht in Schutz nehmen. Genauso wenig darf der Sachverständige aus Mitleid mit schwerkranken, durch die mutmaßlich falsche Behandlung geschädigten Patienten fälschlicherweise einen Behandlungsfehler bejahen. Er muss frei von solchen Motiven die Frage beantworten, ob lege artis oder contra legem artis behandelt wurde.

Kein Problem für die Ärzte, dieser Rolle gerecht zu werden! Das dachte ich jedenfalls, als ich anfing, als Anwalt für Arzthaftungsrecht zu arbeiten, musste mich aber eines Besseren belehren lassen. Noch immer hat die Mehrzahl der Ärzte ein großes Problem damit, in Gerichtsverfahren gegen Kollegen einen Behandlungsfehler und dessen Ursächlichkeit für den gesundheitlichen Schaden des Patienten zu bestätigen.

Diese Unsitte, vor Gericht alles daranzusetzen, um einen Kollegen haftungsrechtlich aus der Schusslinie zu bringen, ihm den viel zitierten Persilschein auszustellen, gibt es erstaunlicherweise nur bei manchen Ärzten, gar nicht jedoch bei den Technikern und Architekten.

Aber woher kommt dieses Phänomen? Immerhin werden die Sachverständigen vom Gericht ausdrücklich darauf hingewiesen, dass sie ihr Gutachten unparteiisch und nach bestem Wissen und Gewissen erstatten müssen. Zudem ist die Erstattung eines vorsätzlich unwahren Gutachtens ein Vergehen und wird mit einer Gefängnisstrafe bis zu fünf Jahren geahndet. Das alles sollte Appell genug sein, als Gutachter fair und objektiv zu arbeiten. Von wegen!

Wie gesagt, es gibt die Hardliner, für die jeder Behandlungsfehlervorwurf eine bodenlose Unverschämtheit darstellt und ein Sachverständiger, der einen Fehler bestätigt, ein Nestbeschmutzer ist. Und Nestbeschmutzer müssen bekämpft werden – natürlich nicht mit offenem Visier, sondern mittels wirksamer Intrigen. Jedenfalls fürchten viele Ärzte den Zorn und die Rache der Kollegen, wenn sie als Gerichtsgutachter einen Behandlungsfehler bejahen würden. Natürlich steckt auch noch eine andere, ganz praktische Überlegung dahinter: Die Kollegen, denen man vor Gericht aus der Patsche geholfen hat, werden sich dafür wahrscheinlich revanchieren, sollte man selbst einmal einem Behandlungsfehlervorwurf ausgesetzt sein. Unser Julius Caesar würde sagen: manus manum lavat – eine Hand wäscht die andere.

Ein paar Kostproben:
Nach einer Gerichtsverhandlung vor einem bayerischen Oberlandesgericht wurde ich als Anwalt auf Patientenseite von einem

Gerichtsgutachter, vom Senat hochgeschätzt ob seiner fachlichen Kompetenz und Neutralität, heftig attackiert. Er wartete, bis alle anderen Prozessbeteiligten gegangen waren, und sprach mich dann auf dem Weg zum Ausgang an. Sehr schnell kam er zum Kern seines Anliegens, mich zu beschimpfen: Er sei schon sehr erstaunt, dass sich jemand wie ich, selbst Ärztin, für so etwas hergebe. Einen Kollegen des Fehlers zu bezichtigen, sei ja an sich schon eine Frechheit. Aber dann auch noch vor Gericht zu gehen – als Ärztin – sei ja nur noch geschmacklos. Solange er als Gutachter tätig sei, werde er schon dafür sorgen, dass Parasiten wie ich vor Gericht keinen Erfolg hätten. Dieser wenig schmeichelhafte Vergleich, den ich um ein Haar als Beleidigung aufgefasst hätte, trieb mich umgehend vor einen Spiegel, wo ich mit einiger Genugtuung feststellen durfte, dass ich nur wenig Ähnlichkeit mit den gängigen Parasiten habe.

Welche Erleichterung!

Ein anderer Fall spielte im Norden der Republik. Der Patient litt an einer inkompletten Querschnittslähmung nach einer Operation am Rückenmark, die nicht nach den Regeln der ärztlichen Kunst ausgeführt worden war. Wir vermuteten sogar grobe Behandlungsfehler. Der Gerichtsgutachter stellte in seinem schriftlichen Gutachten hingegen überhaupt keinen Fehler fest, ärztlicherseits sei alles bestens gelaufen. Daraufhin beauftragte ich einen ehemaligen Direktor einer Universitätsklinik mit der Erstellung eines Privatgutachtens, welches zu dem Ergebnis kam, dass die Behandlung grob fehlerhaft war. Zur mündlichen Verhandlung mit Sachverständigenanhörung brachte ich den Privatgutachter mit, was dem Gerichtsgutachter erkennbar Unbehagen bereitete. In der Verhandlung räumte er sodann nach intensiver Befragung ein, dass die Behandlung tatsächlich grob fehlerhaft gewesen war. Nach der Verhandlung erzählte der Gerichtsgutachter, sein Chef habe versucht, sich zugunsten des beklagten Arztes in die Begutachtung einzumischen.

Ein anderer Gerichtsgutachter, damals Chefarzt an einer bayrischen Universitätsklinik, verschwieg, dass er seinerzeit der Doktorvater des Chefarztes der beklagten Klinik gewesen war, also dessen Doktorarbeit betreut hatte. Natürlich ist diese Konstellation für sich genommen kein zwingender Hinweis, dass mit einer Mauschelei zugunsten der Behandlerseite zu rechnen ist. Allerdings war der Gerichtsgutachter vom Senat des Oberlandesgerichts ausdrücklich darauf hingewiesen worden, er möge bitte darlegen, ob es Umstände gäbe, die bei einer der Parteien oder beiden die Besorgnis der Befangenheit hervorrufen könnten. Trotz dieser eindeutigen Aufforderung legte er die berufliche Beziehung Doktorvater – Doktorand nicht offen. Da blieb ein „G'schmäckle", weswegen er als Gutachter ausgetauscht wurde.

Dann gab es noch den Chefarzt einer Klinik für Gynäkologie und Geburtshilfe, der von einem Kollegen gefragt wurde, warum er denn wider besseres Wissen Behandlungsfehler verneint hatte. Die Antwort war eindeutig: Nach seiner Auffassung seien die meisten Kollegen, die eines Fehlers bezichtigt werden, von der jeweiligen Behandlungssituation völlig überfordert, wofür sie keine Schuld träfe. Er wolle ihnen da einfach helfen und sie „raushauen".

Schließlich noch ein bemerkenswerter Ausspruch eines Chefarztes gegenüber seinen Mitarbeitern in der Morgenkonferenz über einen ehemaligen Mitarbeiter. Dieser zog sich den Zorn seines Ex-Chefs zu, weil er zu Lasten eines anderen Kollegen – zu Recht wohlgemerkt – einen Behandlungsfehler bestätigt hatte. Der Chefarzt ließ sich zu folgender Drohung hinreißen: Er werde dafür sorgen, dass dieser Mensch an keiner anderen bayrischen Klinik mehr eine Anstellung bekommen würde.

Wenn ich gelegentlich Richtern von solchen Äußerungen erzählte, glaubte man mir nicht. Sie konnten oder wollten sich nicht vorstellen, dass sie von den von ihnen fachlich so hoch geschätzten Sachverständigen mit so gutem Ruf derart hinters Licht geführt werden.

Allerdings ist erfreulicherweise seit einigen Jahren eine deutliche Tendenz erkennbar, wonach die Zahl der bewusst kollegenfreundlichen Begutachtungen abnimmt. Es gab sie immer schon und gibt sie immer öfter: die Ärzte, die sich ihrer Verantwortung gegenüber Kollegen *und* geschädigten Patienten gleichermaßen bewusst sind und sich nach bestem Wissen und Gewissen aufrichtig bemühen, ein fachlich korrektes, unparteiisches Gutachten zu erstellen.

Von dieser Entwicklung profitieren nicht nur einzelne Patienten, sondern weit über den Einzelfall hinaus wir alle (!) als künftige Patienten, die sich irgendeiner ärztlichen Behandlung unterziehen müssen. Gutachten, die bewusst Behandlungsfehler leugnen und Therapien, die nicht den Regeln der ärztlichen Kunst entsprechen, als korrekt loben, senken den Facharztstandard ab und verschlechtern die Qualität der Medizin, die uns die Ärzte angedeihen lassen. Jede ehrliche Begutachtung, die einen Fehler als solchen auch bezeichnet, hilft, den Behandlungsstandard auf einem möglichst hohen Niveau zu halten.

Durch die Bestätigung des Fehlers wird der beklagte Arzt oder die beklagte Klinik darüber hinaus mit seinem/ihrem eigenen Versagen und/oder dem seiner/ihrer Mitarbeiter konfrontiert und gezwungen, darüber nachzudenken, wie der Fehler passieren konnte – Stichwort: Fehleranalyse. Dies stößt einen Lernprozess an: Man passt künftig in bestimmten Situationen besser auf, trifft Vorsorge gegen Fehlleistungen, führt Kontrollen ein usw., betreibt also Fehlerprävention, von der wir alle als Patienten ebenfalls profitieren.

Verhängnisvolle Schnittstellen

Nicht selten sind an der Behandlung eines Patienten mehrere Abteilungen eines Krankenhauses oder mehrere Krankenhäuser sowie vor- und nachbehandelnde niedergelassene Ärzte beteiligt. Erhebt ein Patient, der im Rahmen einer solchen Behandlungs-Odyssee mutmaßlich falsch behandelt wurde, gegen die beteiligten Ärzte und Kliniken nun Behandlungsfehlervorwürfe, passiert etwas ganz Typisches: Jede beteiligte Praxis und Klinik(-abteilung) behauptet, in ihrer Zuständigkeit sei alles nach den Regeln der ärztlichen Kunst gelaufen. Sollte tatsächlich ein Fehler passiert sein, wovon man aber nicht ausgehe, müsse dies jedenfalls im Verantwortungsbereich der anderen Praxen/Abteilungen/Kliniken geschehen sein. Heiliger St. Florian, beschütz' meine Klinik, zünd' andere an!

Nachdem diese Strategie natürlich jeden außergerichtlichen Einigungsversuch vereitelt, ist der Patient gezwungen, Klage zu erheben. Auch im Prozess verneinen alle Behandler das Vorliegen eines Behandlungsfehlers. Sollte dennoch, was man sich allerdings überhaupt nicht vorstellen könne, etwas nicht lege artis gelaufen sein, müsse dies aber den Kollegen der anderen Abteilung oder Praxis passiert sein. Logisch.

Dann kommen die Sachverständigen aus unterschiedlichen Fachgebieten ins Spiel, weil ja der Behandlungsbeitrag eines jeden beklagten Arztes von einem Fachmann aus seinem Fachgebiet begutachtet werden muss. Auch sie versuchen, einen möglichen Fehler nicht dem beklagten Arzt der eigenen Fachrichtung, sondern höchstens den Kollegen der anderen Fachgebiete zuzuordnen. Wenn alle Sachverständigen sich so verhalten, sind am Ende alle beklagten Ärzte aus dem Schneider. Der Fachkollege des jeweiligen Sachverständigen sowieso. Und die anderen beklagten Ärzte werden durch das Weiterschieben der Verantwortung nicht belastet, weil ja der Sachverständige, der dies tut, nicht aus dem einschlägigen Fachgebiet kommt, also für die Fehlerfrage gar nicht zuständig und kompetent ist.

Eine äußerst elegante und wirkungsvolle Methode, Richter, Anwälte und Patienten an der Nase herumzuführen!

4. Kapitel
Wie lassen sich Behandlungsfehler vermeiden?

Sich Zeit nehmen für den Patienten

Wer sich als Arzt für kranke Menschen Zeit nimmt, fördert nicht nur ein vertrauensvolles Arzt-Patient-Verhältnis, sondern hat ausführlich Gelegenheit, von den Patienten wesentliche Informationen über ihre Beschwerden oder ihre Familienanamnese zu erhalten, auffällige körperliche Befunde zu entdecken oder Hinweise auf Krankheiten auf Röntgenbildern, Computertomographien, im EKG, in Laborberichten usw. zu finden. Eigentlich alles Binsenweisheiten, aber dennoch sieht der Alltag in Klinik und Praxis meist ganz anders aus.

Die Beschwerden des Patienten ernst nehmen

Unter Ärzten, aber auch beim Pflegepersonal in Krankenhäusern weit verbreitet ist die Unart, Beschwerden der Patienten nicht ernst zu nehmen und sie vorschnell in die Psycho- oder Simulanten-Ecke zu stellen nach dem Motto: Dem fehlt nichts Organisches, alles psychisch, eingebildet, übertrieben oder simuliert. Natürlich trifft diese Diagnose bei dem einen oder anderen Patienten zu. Verhängnisvoll ist es allerdings, eine solche Feststellung voreilig zu treffen, ohne vorher eine ausreichende Diagnostik durchgeführt zu haben. Möglicherweise dringend behandlungsbedürftige Erkrankungen bleiben auf diese Weise unbehandelt und der Patient wird obendrein zu Unrecht als psychisch auffällig oder Simulant diffamiert.

Genau das passierte im Fall einer Patientin, die wegen Rückenschmerzen in einer orthopädischen Klinik behandelt wurde. Eines Morgens nässte sie ein. Beim Aufstehen aus dem Bett konnte sie nicht stehen bleiben und fiel ins Bett zurück. Dies alles wiederholte sich noch einmal an diesem Tag. Die Krankenschwestern notierten, die Patientin habe zweimal absichtlich ins Bett gepinkelt, beim Aufstehen immer die Füße überkreuzt und sich dann absichtlich wieder ins Bett fallen lassen. Sie sei völlig unkooperativ und trotzig. Bei der Visite wurde dieser Eintrag vom Stationsarzt gelesen, der dahinter schrieb: *Patientin simuliert*. Eine körperliche Untersuchung nahm er nicht vor, ebenso wenig erfolgte die Anordnung einer Computertomographie, was dringend geboten gewesen wäre, da das Einnässen und die Unfähigkeit zu stehen Hinweise auf eine Blasenlähmung und Lähmung der Beine sein konnten. Tatsächlich hatte die Patientin einen Bandscheibenvorfall erlitten, der die geschilderten Beschwerden verursachte.

Eine andere Patientin hatte sich mehrere Wirbel gebrochen, weswegen eine Stabilisierung dieser Wirbel mit Schrauben erfolgen sollte. Eine Schraube wurde dabei versehentlich in den Rückenmarkskanal gebohrt und drückte auf das Rückenmark. Unmittelbar nach der Operation wurde eine Computertomographie der Lunge gemacht, auf der auch der Rückenmarkskanal abgebildet war – und darin natürlich auch die Schraube. Weder dem radiologischen Assistenzarzt noch dem Oberarzt, der den Befund ebenfalls unterzeichnete, fiel die Schraube im Rückenmarkskanal auf. Nach der Entlassung aus der Klinik entwickelte die Patientin eine Gangstörung. Sie fühlte sich unsicher auf den Beinen, stolperte leicht, vor allem auf unebenen Wegen, und stürzte immer wieder. Sie suchte wiederum die Klinik auf, wo man nicht so recht eine Ursache für ihre Beschwerden verorten konnte. Irgendwann hieß es, sie solle mal den Kopf untersuchen lassen, da liege wahrscheinlich das Problem. Schließlich unterstellte man ihr Simulation und eine Rentenneurose. Mit der Zeit wurden ihre Gangbeschwerden immer ausgeprägter, sie stürzte immer häufiger. Dann endlich wurde in einem anderen Krankenhaus anhand eines einfachen Röntgenbildes die Schraube im Rückenmarkskanal entdeckt und wenig später entfernt. Erstaunlicherweise hatte keiner der vorbehandelnden Doktoren an die Möglichkeit gedacht, dass zwischen der kurz zuvor erfolgten Wirbelsäulenoperation und der Gangstörung ein Zusammenhang bestehen könnte, was eigentlich doch recht naheliegend war. Stattdessen wurde die Patientin erst auf die Psycho-Schiene geschoben und dann in die Simulantenecke gestellt, wodurch wertvolle Zeit verloren ging, da die Schraube unnötig lange im Rückenmarkskanal verblieb und das Rückenmark schädigte.

Ein anderer Haftungsfall hatte einen beinahe tödlichen Ausgang. Die Patientin hatte das Medikament L. eingenommen. Kurz danach traten, wenn ich mich recht erinnere, internistische Probleme auf, weswegen sie in einer Klinik stationär aufgenommen wurde. Bei der Aufnahme erzählte sie den Ärzten, dass sie L. genommen hatte. Schon bald nach der Aufnahme entwickelte sie Halluzinationen[68]: Sie sah Tiere an den Wänden auf und ab kriechen, was ihr große Angst machte, und hatte das Gefühl, ihre Augen nicht mehr steuern zu können, wie sie es formulierte. Außerdem verspürte sie einen heftigen Drang, aus dem Fenster springen zu müssen. Dies alles berichtete sie den Ärzten beziehungsweise dem Pflegepersonal und bat, man möge doch die Fenster abschließen. Letzteres war nicht möglich. All diese Informationen dokumentierten die Ärzte und Schwestern sorgfältig im Krankenblatt, zogen allerdings

---

[68] Bei optischen Halluzinationen nehmen die Patienten nicht vorhandene Objekte wahr. Sie sehen meist kleine, bewegliche Dinge oder Tiere, deren Wahrnehmung oft als sehr angstvoll erlebt wird.

daraus keine Konsequenzen. Eigentlich hätten bei den Ärzten alle Alarmglocken im Kopf läuten müssen: Die Patientin hatte L. eingenommen, ein Medikament, das bekanntermaßen zu Halluzinationen und Selbstmordhandlungen führen kann. Schließlich berichtete sie ausdrücklich von solchen Halluzinationen und äußerte Selbstmord-Gedanken. In Kenntnis all dieser Umstände hätte man die Patientin unverzüglich in eine psychiatrische Klinik verlegen müssen, um sie an Leib und Leben nicht zu gefährden. Nichts dergleichen geschah jedoch. Man behandelte die Patientin einfach so, als wäre sie psychisch unauffällig. Kurz danach wollte sie aus der Klinik weglaufen, konnte aber noch aufgehalten und auf die Station zurückgebracht werden. Am nächsten Tag war sie bei der Morgenvisite nicht auffindbar. Sie war weggelaufen und hatte einen Selbstmordversuch begangen. Dabei hatte sie sich schwerste Verletzungen zugezogen mit der Folge einer lebenslangen geistigen und körperlichen Behinderung. In der vorgerichtlichen und gerichtlichen Diskussion um die Frage des Behandlungsfehlers hieß es von Seiten der Haftpflichtversicherung der Klinik, die behandelnden Ärzte hätten den Zustand der Patientin richtig eingeschätzt. Keiner habe absehen können, was die Patientin tun würde. Eine folgenschwere Fehleinschätzung!

Verwechslungen vermeiden durch konsequente Kontrollen

Sobald eine Fehlerquelle als solche erkannt ist, muss alles getan werden, um sie unschädlich zu machen. Man muss Handlungsanleitungen zu bestimmten Diagnose- und Therapie-Abläufen einführen, selbige konsequent umsetzen und die Umsetzung kontrollieren.

Die Klassiker unter den Fehlern sind Verwechslungen. Paarige Organe wie Nieren oder Lunge, und Körperteile wie Arme und Beine laden geradezu ein, verwechselt zu werden. Ähnlich auch das Problem mit den vielen Fingern und Zehen, wenn es darum geht, den richtigen zu amputieren. Für die Chirurgen immer eine brisante Arbeit.

Verwechslungen werden durch vielerlei Umstände begünstigt. Oft sieht der Operateur den Patienten nicht mehr am Tag vor der Operation oder am OP-Tag selbst, um sich mit ihm nochmals über das zu entfernende Körperglied oder Organ zu unterhalten. Manchmal operiert ein Kollege, der den Patienten vorher noch nicht persönlich gesehen hat.

Aber auch ein mehrtägiger Kontakt zwischen Arzt und Patient und unmittelbar vor der Operation bewahrt nicht vor Verwechslungen, wenn sich der Doktor beispielsweise nur auf seine Augen verlässt. Ein Arzt erzählte mir von einem Haftungsfall, den er sich eingebrockt hatte. Er hatte das falsche Knie operiert, was er zwar sogleich bemerkte, aber da war eben schon hineingeschnitten. Der Grund für die Verwechslung war ungewöhnlich. Der Patient hatte die ganze Zeit vor der Operation mit dem falschen Bein, also dem gesunden, gehinkt und das kranke Bein völlig normal bewegt. Der Operateur ging wie selbstverständlich davon aus, dass das hinkende Bein auch das kranke war. Direkt vor dem Eingriff schaute er nicht mehr in das Krankenblatt, wo die richtige, operationsbedürftige Seite eindeutig beschrieben war. Hätte er hineingeschaut, wäre die Verwechslung nicht passiert.

Manchmal wird auch vergessen, das zu operierende Bein zu markieren, oder schon bei der Markierung das falsche Bein gekennzeichnet.

Oder es kommt gar zu einer Personenverwechslung. Bei einer Patientin sollte eine Bandscheibenoperation an der Lendenwirbelsäule in der Etage LWK 4/5 durchgeführt werden. Auch bei der nächsten Patientin auf dem OP-Plan stand ein Bandscheibeneingriff an, allerdings eine Wirbel-Etage weiter oben. Die Anästhesisten vertauschten kurzerhand die Reihenfolge der Patientinnen, ohne dies ausreichend kenntlich zu machen. Der Operateur bemerkte jedenfalls den Tausch nicht und eröffnete die falsche Etage der Lendenwirbelsäule.

In den chirurgischen Abteilungen muss daher peinlich genau darauf geachtet werden, was an welchem Organ oder Körperteil zu operieren ist. Der geplante Eingriff ist im Krankenblatt eindeutig zu beschreiben, einschließlich Seite bei paarigen Organen oder Körperteilen. Es muss eine Markierung der richtigen Seite erfolgen. Beim Einschleusen in den OP-Bereich muss der Patient ein Armband mit seinem Namen und seinem Patientencode tragen und ausdrücklich nach Namen, Geburtsdatum und danach gefragt werden, was operiert werden soll. Das Krankenblatt wird ihm von der Station mitgegeben. Werden diese Kontrollschritte eingehalten, dürfte es – eigentlich – zu keiner Verwechslung kommen. Passiert sie dennoch, spricht der erste Anschein dafür, dass (zumindest) ein Mitarbeiter nicht konzentriert bei der Sache war und ein oder mehrere Kontrollschritte ausgelassen wurden.

Insofern ist es von größter Wichtigkeit, regelmäßig zu überprüfen, ob angeordnete Kontrollmaßnahmen auch wirklich durchgeführt werden – also die Kontrolle der Kontrolle.

Wurde ein falsches Organ oder Körperglied entfernt, bleibt – theoretisch – die Hoffnung, dass es wieder angenäht werden kann, was praktisch nur in den wenigsten Fällen möglich sein dürfte. Dann bleibt nur noch der Beistand durch die Heiligen Cosmas und Damian, zweier Ärzte und Märtyrer aus dem heutigen Syrien (um 280 n. Chr.). Nach der Legende arbeiteten die Brüder in einem Hospital in einer Kleinstadt, wo sie die Patienten kostenlos behandelten und dabei viele zum Christentum bekehrten. Einmal sollen sie – von Engeln assistiert – das kranke Bein eines schlafenden Patienten amputiert haben. Damian soll sodann das gesunde Bein eines gerade verstorbenen Mohren angenäht haben, wobei der „Mohr" heutzutage natürlich nicht mehr politisch korrekt ist.

Achtung Schnittstelle!

Besonders fehleranfällig und bedrohlich für die Patienten sind die Schnittstellen zwischen verschiedenen Verantwortungsbereichen. Wenn Patienten beispielsweise von der Intensivstation auf eine andere Station verlegt oder nach Hause entlassen werden und der Hausarzt die weitere Versorgung übernehmen soll, müssen bestimmte Informationen vollständig und rechtzeitig an den Nachbehandler weitergegeben werden, um eine kontinuierliche, den Regeln der ärztlichen Kunst entsprechende Versorgung des Patienten zu gewährleisten. Wird an dieser Schnittstelle geschlampt, nimmt der Patient unter Umständen Schaden. Zwei schlimme Verläufe sind mir besonders im Gedächtnis geblieben.

Ein Patient litt an einer Erkrankung der sogenannten Hirnanhangsdrüse, die zu wenig „ADH"[69] freisetzte, weswegen er zu viel Flüssigkeit ausschied, was zu einer lebensbedrohlichen Störung des Wasserhaushalts führen konnte. Das fehlende ADH wurde ihm deshalb als Medikament M. in Form von Nasenspray verabreicht. Er war in ständiger Betreuung in der Spezialambulanz einer Klink. So weit, so gut. Irgendwann zog er sich einen schweren grippalen Infekt zu mit Fieber und starkem

---

69 ADH: Antidiuretisches Hormon: Wird in der Hirnanhangsdrüse gespeichert und reguliert den Wasserhaushalt des menschlichen Körpers.

Husten. Seine Hausärztin wollte ihn nicht alleine behandeln aus Sorge, dass der Infekt Einfluss auf die Dosierung des Medikaments M. haben könnte, was zutreffend war, und schickte ihn vorsorglich in diese Spezialambulanz, wo er ja bestens bekannt war. Da er mittlerweile hohes Fieber hatte und der Verdacht auf eine Lungenentzündung bestand, wurde er stationär aufgenommen und noch am selben Tag auf die Intensivstation verlegt. Über mehrere Tage wurde dort an der Dosierung des Medikaments M. gefeilt und die ausgeschiedene Urinmenge sorgfältig bilanziert. Als es dem Patienten wieder besserging, wurde er an einem späten Nachmittag auf eine internistische Station verlegt. Einer der Ärzte der Intensivstation hatte einen Verlegungsbrief „an die Kollegen im Hause" verfasst, worin ausdrücklich auf die ADH-Problematik hingewiesen wurde mit der Bitte um sorgfältigste Bilanzierung der Urinausscheidung und entsprechende Dosierung von M. Dieser Brief wurde dem Patienten mitgegeben – wahrscheinlich auf die Bettdecke gelegt. Als er auf der internistischen Station ankam, schlief er. Der Brief wurde weder von den Ärzten dort noch vom Pflegepersonal geöffnet. Der Patient wurde in ein Zimmer geschoben, seine Habseligkeiten in den Schrank gelegt. Man ließ ihn weiterschlafen. Am nächsten Morgen war er verwirrt und trübte zunehmend ein. Nun endlich wurde der Verlegungsbrief geöffnet. Erst jetzt nahmen die Ärzte zur Kenntnis, was für einen Problemfall sie bekommen hatten!! Eine Urinbilanzierung hatte natürlich die ganze Zeit nicht stattgefunden. Stattdessen waren nur fleißig die vollen Urinbeutel weggebracht worden. Es hatte sich auch niemand gewundert, warum der Patient so viel Urin ausschied. Durch den massiven Flüssigkeitsverlust und die fehlende medikamentöse Gegensteuerung kam es zu einer kritischen, höchst bedrohlichen Beeinträchtigung des Wasserhaushalts mit fürchterlichen Folgen, nämlich einer Schädigung des Gehirns. Fortan war der Patient geistig und körperlich behindert. Er musste deshalb immer wieder stationär behandelt werden, was zu enormen Kosten führte, weswegen Pflege- und Krankenversicherung mich mit der Klageerhebung beauftragten. Hat das alles so passieren müssen? Nein, natürlich nicht! In einem derart heiklen Fall wie diesem hätte der Arzt auf der Intensivstation nicht nur einen Verlegungsbrief mitgeben müssen, sondern durch ein Telefonat mit einem Kollegen auf der internistischen Station sicherstellen müssen, dass der Patient, der wirklich ein heißes Eisen war, nahtlos die Versorgung bekommt, die er dringend benötigte, um nicht Schaden zu nehmen. Und auf der internistischen Station hätte man den Patienten nicht nur in ein Zimmer schieben dürfen, sondern hätte den Verlegungsbrief sofort lesen müssen. Unverständlich auch, warum niemandem die extrem hohe Urinausscheidung aufgefallen ist. Das war so ein Schnittstellen-Klassiker, bei dem alle Beteiligten meinten, die anderen hätten schon alles gerichtet oder würden sich noch darum kümmern.

Entsetzlich war auch der Fall eines Patienten, Ende Fünfzig, der wegen allgemeiner Schwäche und leichter Ermüdbarkeit in einer internistischen Abteilung aufgenommen wurde. Man stellte Herz-Kreislauf-Probleme als Ursache fest und behandelte entsprechend. Am Ende des stationären Aufenthaltes wurde ein viel zu hoher PSA-Wert festgestellt. Die Herren, die brav regelmäßig zur urologischen Vorsorge gehen, wissen, was es mit diesem Wert auf sich hat. Der PSA-Wert ist ein sogenannter Gewebe-Marker, der bei Prostatakrebs, aber auch bei gutartigen Erkrankungen der Prostata erhöht sein kann. Auf jeden Fall ist ein erhöhter PSA-Wert abklärungsbedürftig. Im Entlassungsbrief an den Hausarzt wurde der erhöhte Wert in mitten anderer erhöhter Laborwerte erwähnt, ohne darauf hinzuweisen, dass hier noch Bedarf nach weiterer Abklärung besteht. Dem Patienten wurde auch nicht gesagt, dass er den auffälligen Wert beim Hausarzt unbedingt abklären lassen muss. Der Hausarzt las den Brief, ohne auf den erhöhten Gewebe-Marker zu reagieren. Es passierte gar nichts. Zwei Jahre später wurde erneut ein erhöhter PSA-Wert im Rahmen eines stationären Aufenthalts in einer anderen Klinik bemerkt. Man veranlasste weitere Untersuchungen und fand tatsächlich ein Prostata-Karzinom, welches mittlerweile in das Skelett metastasiert, also Tochtergeschwülste in den Knochen verursacht hatte. Die Ärzte in der ersten Klinik meinten hinterher, der Hausarzt hätte ja den erhöhten PSA-Wert zur Kenntnis nehmen und weiter abklären müssen. Und der Hausarzt war der Auffassung, die Kollegen in der Klinik hätten ihn deutlicher darauf hinweisen müssen, dass da ein Prostatakrebs zur Diskussion stand und noch keinerlei Abklärung erfolgt ist. Im Zweifelsfall hätten sie ihn anrufen müssen. Alle Ärzte waren übereinstimmend der Überzeugung, dass der Patient ja selber eine weitere Abklärung hätte veranlassen müssen. Der gute Mann war nun aber beruflich als Handwerker zugange und ein medizinischer Laie, der mit den Begriffen im Arztbrief nichts anfangen und daher die Situation auch nicht richtig einschätzen konnte. Auch dies ein klassischer Fall von Versagen an der Schnittstelle. Keiner kümmert sich ordentlich. Hinterher schiebt jeder die Verantwortung auf den anderen Kollegen oder gar auf den Patienten.

Spezialisierung als bewährtes Mittel zur Vermeidung von Behandlungsfehlern

Je öfter ein Arzt eine bestimmte Untersuchung oder Behandlung durchführt, desto mehr Routine, Erfahrung und Sicherheit entwickelt er dabei. Die Wahrscheinlichkeit, dass er dabei etwas übersieht oder falsch macht, wird dadurch geringer. Umgekehrt ist die Behandlung durch einen Arzt, der mit einer bestimmten

Untersuchung oder Therapie erst wenig Erfahrung gesammelt hat, eher gefährlich für den Patienten, vor allem, wenn es zu heiklen Situationen oder Komplikationen kommt, die der Arzt noch nicht oder noch nicht oft erlebt und zu beherrschen gelernt hat. Übung macht auch in der Medizin den Meister.

Diese eigentlich simple Erkenntnis untermauert auch der jüngst veröffentlichte Bericht des AOK-Bundesverbandes. Fazit dieses Reports: Je mehr Routine ein Arzt oder eine Klinikabteilung mit einer Behandlung hat, desto besser sind die Behandlungsergebnisse für den Patienten und desto geringer ist die Komplikationsrate.

Die vorgelegten Zahlen belegen dies eindrucksvoll. Zwischen 2012 und 2014 bekamen 134.000 bei der AOK versicherte Patienten wegen Arthrose ein künstliches Hüftgelenk. Bei den Patienten, die in Kliniken mit einer sehr geringen Fallzahl (höchstens 38 Hüftgelenks-Prothesen pro Jahr) operiert worden waren, war das Risiko einer erneuten Hüft-Operation innerhalb eines Jahres mehr als doppelt so hoch wie für die Patienten, die sich in Kliniken mit einer sehr hohen Fallzahl (mindestens 211 Hüftgelenks-Prothesen pro Jahr) operieren ließen.

Bemerkenswert auch der Unterschied bei Schilddrüsen-Operationen. In Krankenhäusern mit den geringsten Fallzahlen war das Risiko für die Patienten, eine dauerhafte Stimmbandlähmung zu erleiden, mehr als doppelt so hoch wie in den Kliniken mit den höchsten Fallzahlen.

Bislang ist nur für sieben Leistungsbereiche (wie zum Beispiel Nierentransplantationen, Kniegelenks-Prothesen und Versorgung von Frühchen) eine Mindestzahl für die Kliniken vorgeschrieben, d.h. nur diejenigen, die eine bestimmte Fallzahl pro Jahr erreichen, dürfen die Eingriffe weiter durchführen. Der AOK-Bundesverband fordert deshalb weitere und vor allem strengere Vorgaben für diese Mindestmengen, um die Operationsergebnisse zu verbessern, was einerseits die Patientensicherheit erhöht und andererseits die Kosten für komplikationsbedingte Nachbehandlungen für die Krankenkassen senkt.

Allerdings halten sich nicht alle Krankenhäuser an die Mindestmengenvorgaben. Im Jahr 2014 führten rund 700 Krankenhäuser etwa 12.000 Operationen an der Bauchspeicheldrüse durch, wobei knapp die Hälfte der Häuser die Mindestmenge von zehn nicht erreichte. Bei den Eingriffen an der Speiseröhre lagen die Fallzahlen in fast drei Viertel aller Krankenhäuser unterhalb der vorgeschriebenen Mindestmenge. Außerdem gelten für sogenannte Kleinstversorger mit Fallzahlen ganz deutlich unter den Mindestmengen, die statistisch nicht bewertbar sind, weiterhin Ausnahmeregelungen.

Nach Auffassung des ehemaligen Generalsekretärs der Deutschen Gesellschaft für Chirurgie, Prof. Dr. Hartwig Bauer, gibt es noch weitere Lücken bei den Vorgaben zu Mindestfallzahlen:

„Den positiven Zusammenhang zwischen Behandlungshäufigkeit und -ergebnis gibt es nicht nur auf Klinikebene, sondern auch bei der Spezialisierung des Chirurgen selbst. Seine Erfahrung zeigt sich in kürzeren Operationszeiten und damit geringeren Komplikationsraten. Doch dieses Wissen wird in Deutschland nicht umgesetzt."

Seines Erachtens müssen aber auch Leitlinien und Vorgaben der Organisationsstruktur des Krankenhauses umgesetzt werden:

„Eine abgestimmte, eingeübte Prozesskette geht naturgemäß immer mit höheren Mengen einher" [...] *„Wir wissen längst, was zu tun ist, nur müssen wir auch tun, was wir wissen."*[70]

---

70 Presseinformation des AOK-Bundesverbandes vom 28.02.2017

Hier scheint der Gesetzgeber dringend gefordert, durch entsprechende ergänzende Regelungen die bislang widerspenstigen Klinikleitungen und Chefärzte an die Kandare zu nehmen, um so den Patienten vermeidbare Komplikationen und Behandlungsfehler zu ersparen und das Budget der Krankenversicherungen zu schonen.

Wiederum aus Fehlern lernen

Fehler bei der Diagnostik und Therapie von Krankheiten werden sich niemals völlig vermeiden lassen. Jede Art von Technik kann versagen. Man denke nur an Messfehler an medizinischen Apparaten, Fehler in der Software von Geräten usw. Wir Menschen sind jedoch die mit Abstand fehleranfälligsten Glieder in der Kette aller Arbeitsabläufe – in der Arztpraxis und im Krankenhaus gleichermaßen. Wir machen Lese- und Hörfehler, Schreibfehler und Bedienungsfehler an medizinischen Geräten. Wir haben Vorurteile und machen Denkfehler. Menschen über- oder unterschätzen ihre Fähigkeiten und Kenntnisse und treffen deswegen in heiklen Situationen die falsche Entscheidung. Menschliches Verhalten wird von der Tagesform beeinflusst, die wiederum von ganz unterschiedlichen Faktoren abhängt: Schlafdauer, bereits geleistete Arbeit, private Probleme, Konflikte am Arbeitsplatz, Konsum von Alkohol, Einnahme von Medikamenten etc. Personalmangel beziehungsweise eine zu dünne Personaldecke erhöht die Fehlerwahrscheinlichkeit, weil dies zu lange Arbeitszeiten und eine zu hohe Arbeitsintensität für den einzelnen Arzt in Klinik und Praxis nach sich zieht. Ständiger, übermäßiger Leistungsdruck begünstigt das Auftreten von Fehlern. Wer langfristig objektiv überfordert ist und sich auch subjektiv überfordert fühlt, wird fehleranfällig.

Solange Ärzte Kranke behandeln, wird es also Behandlungsfehler geben.

Das darf aber kein Grund sein zu resignieren. Ärzteschaft und Krankenhausleiter dürfen darin keine Rechtfertigung sehen, Behandlungsfehler als unvermeidliche menschliche und/oder technische Unzulänglichkeiten hinzunehmen, quasi als schicksalhaft. Vielmehr muss nach Bekanntwerden eines Fehlers die sofortige und schonungslose Fehleranalyse folgen. Die erste Frage muss lauten: *Was ist falsch gelaufen?* Die zweite Frage: *Wie konnte das passieren?* Wenn diese Fragen ohne Vorbehalte und vollständig beantwortet sind, kann man sich an die Beantwortung der dritten Frage machen: *Was müssen wir tun, um eine Wiederholung dieses Fehlers zu vermeiden?* Aus Fehlern kann man bekanntlich am besten lernen – eine Binsenweisheit.

Ob Luftfahrt, Automobilindustrie samt Zulieferbetriebe, pharmazeutische Industrie oder lebensmittelverarbeitende Betriebe, für alle Unternehmen in ganz unterschiedlichen Branchen ist der gezielte Umgang mit Fehlern essentiell für Produktivität und Wettbewerbsfähigkeit und somit für das Überleben der Unternehmen. Die Entwicklung einer Fehlerkultur gehört in der Wirtschaft zum kleinen Einmaleins der Unternehmensführung und des Qualitätsmanagements.

Leider sind dieser Erkenntnis noch nicht alle Verantwortlichen in Krankenhäusern und Arztpraxen teilhaftig. In der Medizin muss noch lange und intensiv an einer Fehlerkultur gearbeitet werden. Noch zu oft heißt es stattdessen: *Was können wir tun, damit der Behandlungsfehler nicht publik wird? Wie können wir Mitwisser mundtot machen?* In all den Jahren berichteten mir mehrfach Klinik-Ärzte von Repressalien gegen Mitarbeiter (Ärzte und Pflegepersonal), die Fehler gemacht hatten und dies freiwillig an ihren Chefarzt, die Pflegedienstleitung oder die Krankenhausleitung meldeten. Die Reaktion der Vorgesetzten war immer dieselbe: Um Himmels willen bloß die Klappe halten, wegducken und hoffen, dass sonst niemand etwas bemerkt. Die Reaktion seitens der Krankenhausverwaltungen war genauso haarsträubend: Drohung mit Kündigung. Wer so auf einen Fehler reagiert, klärt nicht auf, wie es passieren konnte und trifft auch keine Vorkehrungen gegen eine Wiederholung. Man suhlt sich einfach weiter im alten Mist und hofft, dass es nicht zu sehr stinkt!

Was mich bisweilen erstaunte, war die zurückhaltende Reaktion mancher Haftpflichtversicherer, selbst wenn ganz gravierende Fehler mit erheblichen Folgeschäden für die Patienten festgestellt wurden. Natürlich kann man als Versicherer schlicht kündigen oder die Prämien nach einem Haftungsfall anheben. Aber reicht das aus, um bei den Verantwortlichen in Praxis und Krankenhaus die Bereitschaft zur Fehleranalyse und -prävention zu fördern? Die Haftpflichtversicherer müssen meines Erachtens konsequent immer und ausnahmslos konkrete Vorgaben zur Fehleranalyse und zur künftigen Vermeidung von Fehlern machen. Die Förderung einer selbstkritischen Fehlerkultur in einer Klinik oder einem Klinikverbund muss durch entsprechende vertragliche Vorteile von den Versicherungen „belohnt" werden. Dies würde helfen, den Sumpf der ewig gestrigen Vertuscher trockenzulegen, und auf diese Weise einen effizienten Beitrag zur Verbesserung des Qualitätsmanagements in der Medizin und damit auch zur Verbesserung der Patientensicherheit leisten. Über das Instrument Prämienhöhe lässt sich da sicherlich vieles steuern. Bekanntlich stellt bei Erwachsenen Geld ja das einzig fruchtende Erziehungsmittel dar. Die Verantwortlichen – vor allem in den Kliniken – werden dies zwar nicht unbedingt gutheißen, was aber die Versicherer nicht von solchen Maßnahmen abhalten sollte. Da gilt das alte Sprichwort: Wer den Sumpf trockenlegen will, darf vorher nicht die Frösche fragen.

Bisherige Erfolge zur Etablierung einer Fehlerkultur

Was die Etablierung einer wirklich lebendigen Fehlerkultur für ärztliche Behandlungsfehler betrifft, ist Deutschland leider noch immer ein Entwicklungsland.

Aber man darf nicht nur unken. Es gibt mittlerweile durchaus Erfolge im Bemühen, eine effiziente Fehlerkultur zu entwickeln und zu fördern. In der Ärzteschaft, bei den Krankenhausverwaltungen, Krankenhausträgern und Haftpflichtversicherungen setzt sich immer mehr die Überzeugung durch, dass auch in der Medizin ein vernünftiges Qualitätsmanagement zur möglichst weitgehenden Vermeidung von Behandlungsfehlern unverzichtbar ist.

Ein wichtiger Schritt für diese Entwicklung war zweifelsohne die Gründung des Aktionsbündnisses für Patientensicherheit e.V. (APS) im Jahr 2005 – ein Zusammenschluss aus Vertretern der Gesundheitsberufe, ihrer Verbände und der Patientenorganisationen. Der gemeinnützige Verein setzt sich seitdem für eine sichere Gesundheitsversorgung in Deutschland ein durch Erforschung, Entwicklung und Verbreitung hierfür geeigneter Methoden. Eines der Ziele ist die Erfassung, Analyse, Kommentierung und Mitteilung von Behandlungsfehlern im Kollegenkreis, um eine Wiederholung dieser Fehler möglichst zu vermeiden.

Mittlerweile sind Krankenhäuser und Arztpraxen hierzulande verpflichtet, interne Fehlermeldesysteme zu führen. Ferner gibt es verschiedene auch öffentlich zugängliche Behandlungsfehlerregister, die von unterschiedlichen Einrichtungen geführt werden, welche die gemeldeten Fehler erfassen und archivieren. So erfolgen Fehlermeldungen beispielsweise an das „Critical Incident Reporting System", handlich abgekürzt CIRS – ein Fehlermeldesystem, das eigentlich aus der Luftfahrt stammt.

Es handelt sich um ein Berichtsystem für allgemein sicherheitsrelevante Ereignisse, also eine Plattform zur Erfassung, Analyse und Kommentierung bedeutsamer Fälle, an die nicht nur Fehler, sondern auch Beinahe-Fehler im Arbeitsalltag gemeldet werden. Besondere Bedeutung kommt dabei der Erfassung von Fehlern und Beinahe-Fehlern bei Arbeitsabläufen mit vielen Einzelschritten zu, da sie natürlich auch an vielen Stellen fehleranfällig sind. Würde man nur den letzten Fehler einer möglichen Fehlerkette abstellen, bliebe der Rest der Fehlerkaskade weiterhin bestehen. Gerade in solchen Fällen ist eine sorgfältige Analyse jedes einzelnen Schrittes geboten. Hierdurch haben die Arztkollegen überörtlich, im selben Fachgebiet und auch fachgebietsübergreifend die Möglichkeit, Risikobereiche zu erkennen und darzustellen und Fehlern vorzubeugen. Die Kommunikation erfolgt anonym, was die Bereitschaft zur Meldung und Diskussion natürlich fördert – theoretisch wenigstens. Dazu später mehr.

Eine der Arbeitsgruppen des APS, die AG Behandlungsfehlerregister, beschäftigt sich seit 2006 mit dem Problem, wie eine Zusammenführung der Fehlerregister dieser unterschiedlichen Institutionen am sinnvollsten bewerkstelligt werden kann, um einen registerübergreifenden Dialog über die Ursachen von Fehlern und die geeigneten Maßnahmen zur Vorbeugung selbiger zu ermöglichen. Für 2017 ist ein Positionspapier „Optimierung der Erfassung und Auswertung von Behandlungsfehlern in Deutschland" angekündigt.

Bemerkenswert scheint mir auch der „Deutsche Preis für Patientensicherheit", der vom Aktionsbündnis für Patientensicherheit jährlich verliehen wird. Ein weiterer Anreiz, die Fehlerkultur zu leben.

Gefördert und unterstützt wird das APS von einer Vielzahl von Krankenversicherungen, (Uni-)Kliniken, Krankenhausträgern, dem Apothekerverband, der Bundesärztekammer, der Bundeszahnärztekammer, verschiedenen Krankenhausgesellschaften, Kassenärztlichen Vereinigungen, Pharma-Konzernen, einem Versicherungsdienst, dem Deutschen Ärzteverlag und dem Bundesministerium für Gesundheit, um ein paar Beispiele zu nennen.

Mit einem besonders spektakulären Outing machte das Aktionsbündnis für Patientensicherheit im Februar 2008 Schlagzeilen. Damals bekannten sich 17 Ärzte, Pfleger und Therapeuten, nahezu alle in leitender Stellung, öffentlich zu Behandlungsfehlern und appellierten an ihre Kollegen, es ihnen gleichzutun und auch offen mit ihren Fehlern bei Diagnose, Therapie und Pflege umzugehen. Nach diesem Outing rumorte es gewaltig in der Ärzteschaft. Das Echo in den Medien war ebenfalls groß. So etwas hatte es vorher noch nie gegeben, quasi ein Tabubruch. Wurden doch bis dato Fehler von Ärzten lieber kollegial totgeschwiegen. Diese Mauer des Schweigens sollte nun eingerissen werden. Unterstützt wurde das Aktionsbündnis für Patientensicherheit von der AOK, für die natürlich jeder ärztliche und pflegerische Fehler zu finanziellen Folgen führen kann. Die AOK sah sich damals nach eigenen Angaben mit jährlich rund 40.000 Behandlungsfehlervorwürfen konfrontiert. Die Folgekosten dieser Fehler beliefen sich, so die AOK, auf ca. 12 Millionen Euro. Die Fertigstellung der Broschüre zum Fehler-Outing hat sage und schreibe zwei Jahre gedauert, was auch an Widerständen in der Ärzteschaft gelegen haben soll. Kein Wunder! Dennoch verzeichnete das APS eine überwiegend positive Reaktion auf das Outing, sowohl von Seiten der Patienten – wie erwartet –, aber auch seitens vieler Arztkollegen, was angesichts der Häufigkeit von Behandlungsfehlern erfreulich ist. Jährlich waren damals zwei bis vier Prozent der deutschen Klinikpatienten von Fehlern des medizinischen Personals betroffen, so eine Studie des APS – was einer Zahl von 340.000 bis 680.000 Patienten entsprach. Etwa 17.000 von ihnen starben an den Folgen der falschen Behandlung. Auf Deutschlands Straßen verloren im Vergleich dazu im Jahr 2007 knapp 5.000 Menschen ihr Leben.[71]

An der Universitätsklinik Bonn wurde das Institut für Patientensicherheit (IfPS) gegründet, das erste universitäre Institut in Deutschland, das sich ausdrücklich dem Problem Patientensicherheit durch Aktivitäten in Forschung und Lehre widmet. Es hat seine Tätigkeit im Januar 2009 aufgenommen und wird bis 2017 durch eine Stiftungsprofessur des Aktionsbündnisses Patientensicherheit e.V. gefördert.

Anlässlich des 1. Internationalen Tages der Patientensicherheit am 17. September 2015 wurden Patienten und Mitarbeiter im Universitätsklinikum Bonn vom Institut für Patientensicherheit befragt, was für sie Patientensicherheit bedeutet.

---

71 Becker/Zander, Spiegel online, Ärzte-Outing

Eine medizinische Fachangestellte in der Privatambulanz der Augenklinik:
„Patientensicherheit ist bei uns, wenn wir wissen, welcher Patient reinkommt; dass wir den Vor- und Nachnamen haben und das Geburtsdatum und wissen, welches Auge beim Patienten behandelt wird."

Ein Mitarbeiter an der Information der Augenklinik:
„Patientensicherheit bedeutet für mich, dass die Anliegen und Fragen der Patienten korrekt beantwortet werden und die Patienten auf jeden Fall zur richtigen Stelle gelangen."

Prof. Dr. Wirtz – Direktor der Klinik für Orthopädie und Unfallchirurgie:
„Sicherheit für den Patienten, und zwar für den gesamten Behandlungsprozess. Es soll eine sichere Diagnose gestellt werden, die dann eine sichere Indikation für die dann folgende Behandlung erlaubt."

Eine Hygienefachkraft der Zentralküche:
„Für uns vom Küchenteam bedeutet Patientensicherheit, dass alle hygienischen Maßnahmen hier eingehalten werden."

Der Leiter der Klinikapotheke – Dr. Ingo Schulze:
„Insbesondere in der sterilen Herstellung achten wir sehr auf Hygiene, Qualitätsstandards und auf das Arbeiten im Team."

Eine Patientin:
„Dass jeder dem anderen vertrauen kann, dass die Kommunikation zwischen den einzelnen Bereichen gut läuft und dass ehrlich gehandelt und geredet wird."

Eine Gesundheits- und Krankenpflegerin der Neurochirurgie:
„Bei uns in der Neurochirurgie ist es wichtig, mit dem Patienten zu kommunizieren, um seine individuellen Bedürfnisse herauszufinden."

Der Leitende Anästhesie-Pfleger im Zentral-OP – Herr Brumm:
„Einmal, dass genügend Personal vorhanden ist, dass Patientenidentifikation durch verschiedene Hilfsmittel möglich ist: Armband, PC und auch das Gespräch mit dem Patienten selbst."

Der Leiter der Medizintechnik – Herr Krüger:
„Nach der Ärzteschaft und nach der Pflege ist die Medizintechnik die Abteilung, die dem Patienten am nächsten kommt, weil alle ihre Geräte entweder direkt oder indirekt am Patienten angewandt werden, und daher hat für uns die Patientensicherheit eine hohe Priorität."

Privatdozent Dr. Pollok – Oberarzt Chirurgie:
„In meinem Bereich der Chirurgie ist mir für die Patientensicherheit wichtig, dass den Mitarbeitern das CIRS-Meldesystem bekannt ist und dass dies aktiv genutzt wird. Des Weiteren ist die Durchführung von M&M-Konferenzen[72] sehr wichtig, in denen nicht einzelne Mitarbeiter an den Pranger gestellt werden, sondern konstruktiv gemeinsam herausgearbeitet werden soll, wie man für die zukünftige Behandlung von Patienten die Behandlungsstrukturen verbessern

---

72 Sogenannte **M&M-Konferenzen** sind Morbiditäts- und Mortalitätskonferenzen, die in regelmäßigen Abständen abgehalten werden, um fachgebietsübergreifend Todesfälle, Zwischenfälle, Komplikationen, Fehler, Beinahe-Fehler oder Therapieverläufe, die verbessert werden können, zu besprechen. Sie sind also eine Plattform für den Austausch unter Kollegen, um aus eigenen und den Fehlern anderer zu lernen. **Morbidität** ist ein Überbegriff für den Anteil der bereits Erkrankten und die Rate der Neuerkrankungen innerhalb eines bestimmten Zeitraums in Bezug auf eine bestimmte Krankheit. **Mortalität** ist die Sterblichkeit (oder Sterberate), also die Anzahl der Todesfälle bezogen auf die Gesamtzahl der Personen in einem bestimmten Zeitraum.

kann. Und ganz besonders wichtig ist auch die Einarbeitung von Mitarbeitern, strukturiert und unter kompetenter Aufsicht."

Der Direktor des Instituts für Hausarztmedizin – Prof. Weckbecker: *"Patientensicherheit bedeutet für mich, dass wir die Studierenden und die Hausärzte gut aus- und fortbilden."*

Ein Mitarbeiter im Simulationszentrum Skillslab – Dr. Thiessen: *"Patientensicherheit hier im Simulationszentrum bedeutet für uns im Wesentlichen, dass alle Kursteilnehmer lernen, dass sie zu jeder Zeit später im Berufsleben auch das ungute Gefühl äußern dürfen. Das heißt, sie lernen auf die Art und Weise eine horizontale Kommunikationsstruktur kennen, die es ermöglicht, Fehler in der Medizin in kritischen Situationen, wo wir unter Zeitdruck arbeiten müssen, zu reduzieren."*

Die Direktorin des Instituts für Patientensicherheit – Prof. Dr. Manser: *"Patientensicherheit hängt für mich ganz persönlich entscheidend von der Zusammenarbeit im Team ab, zwischen den Berufsgruppen über Disziplingrenzen hinweg und mit dem Patienten im Mittelpunkt."*[73]

Die Antworten zeigen, wie wichtig es ist, vorgegebene Standards (Behandlung, Hygiene, Technik usw.) einzuhalten und **zu kommunizieren**. Miteinander zu reden, ist das A und O. Dies gilt für den Austausch innerhalb jeder Fachgruppe (Ärzte, Pflegepersonal, Medizintechnik, Küche etc.), zwischen den Fachgruppen und natürlich mit den Patienten.

Bei aller Begeisterung für die geschilderten Entwicklungen, insbesondere die Einführung von Fehlerregistern, darf man nicht

---

73 Video Institut für Patientensicherheit, Universitätsklinik Bonn

übersehen, dass jedes Fehlermeldesystem nur gut funktionieren und seinen Zweck erfüllen kann, wenn es auch tatsächlich mit Fehlern und Beinahe-Fehlern gefüttert wird. Die anonyme Fehlermeldung erleichtert – theoretisch – das Offenlegen von Fehlern, da sich ja niemand zu seinem Versagen oder Beinahe-Versagen bekennen muss. Allerdings ist die Welt bekanntlich klein und die Fachwelt ein Dorf, in dem man sich gut kennt. So haben manche Chefärzte und Oberärzte die Sorge, man würde aus den bei der Fehlermeldung geschilderten Umständen auf die Klinik oder Abteilung schließen können, in der das beschriebene Ereignis vorgefallen sein muss. Dann passiert wieder, was eigentlich nicht mehr passieren soll: Mitarbeiter, die Fehler oder Beinahe-Fehler melden wollen, werden vom Chef angewiesen, dies tunlichst zu unterlassen, wie mir einige Ärzte aus verschiedenen Kliniken – verbunden mit der inständigen Bitte um absolute Diskretion – berichtet haben.

5. Kapitel
Hilfe aus dem Härtefallfond?

Im Jahr 2015 wurden laut Bundesgesundheitsministerium unter Berufung auf Zahlen des Medizinischen Dienstes der (gesetzlichen) Krankenkassen in ganz Deutschland rund 14.800-mal Behandlungsfehlervorwürfe gegen niedergelassene Ärzte und Krankenhäuser erhoben. Allerdings wurden in nur etwa 2.100 Fällen auch tatsächlich Behandlungsfehler von den Gutachter- und Schlichtungsstellen bestätigt. Der Bayerische Rundfunk zitierte Ende 2016 das Robert-Koch-Institut, wonach jährlich über 12.000 nachgewiesene Fälle von Behandlungsfehlern zu verzeichnen sind.

Die Patienten, die sich im Besitz eines aussagekräftigen, positiven Gutachtens (einer Schlichtungsstelle, des Medizinischen Dienstes der gesetzlichen Krankenversicherungen oder eines Privatgutachters) befinden, haben Chancen auf eine Regulierung ihrer Schäden ohne Gerichtsverfahren beziehungsweise haben, falls sie doch klagen müssen, mit dem positiven Gutachten in der Hand gewisse Aussichten auf einen Erfolg oder Teilerfolg ihrer Klage. Was aber ist mit den anderen mutmaßlich durch einen ärztlichen Behandlungsfehler geschädigten Patienten? Nach der bisherigen Rechtslage gingen und gehen diese Menschen leer aus.

Das soll sich nun endlich ändern. Nach dem Willen von Patientenbeauftragten und zahlreichen Politikern mit unterschiedlichen Parteibüchern soll ein Entschädigungs- und Härtefallfond in Fällen helfen, bei denen Behandlungsfehler naheliegen, aber nicht nachweisbar sind, und in Fällen, bei denen Behandlungsfehler zwar nachweisbar, jedoch nicht ursächlich für den gesundheitlichen Schaden sind. Büßen solche Patienten beispielsweise ihre Erwerbsfähigkeit ein und müssen sie jahrelange Prozesse zur Durchsetzung ihrer Ansprüche führen, sollen sie eine finanzielle Unterstützung aus diesem Fond bekommen, der 500 Millionen Euro enthalten soll.

Was so schön und einfach klingt, weist aber Haken und Ösen auf. Ob uns Patienten mit diesem oder ähnlichen Ansätzen wirklich gedient ist, muss man kritisch hinterfragen. Ich persönlich bin gegen diesen Fond in der geplanten Form.

Erstens halte ich den geplanten Finanzierungsansatz des Fonds für falsch. Wenn ich das Konzept der Politiker richtig verstehe, sollen sich Bund und Länder die Kosten des Fonds irgendwie teilen, was bedeutet, dieser Topf wird aus Steuermitteln befüllt. Die Steuerzahler sollen also Entschädigungen leisten für naheliegende, aber nicht beweisbare ärztliche Behandlungsfehler und für solche Behandlungsfehler, die wirklich passiert sind, aber nicht nachweislich zu dem beklagten Schaden geführt haben. Wenn ein Fehler naheliegt, also das Vorliegen des Fehlers eindeutig eher logisch erscheint als das Nicht-Vorliegen, wäre es eigentlich Sache des Arztes/Krankenhauses und damit der Haftpflichtversicherung, die Folgen dieses naheliegenden Fehlers zu schultern. Die Versicherungen sollten deshalb in den Topf einzahlen. Hingegen stellt man im Ergebnis die großen Versicherungskonzerne von der Haftung frei, um den angerichteten Schaden dem ohnehin schon genug ausgequetschten Steuerzahler aufzubürden. Da es eine wundersame Geldvermehrung leider nicht gibt und auch nur Rumpelstilzchen, wie wir von den Brüdern Grimm wissen, Stroh zu Gold spinnen kann, führen nämlich immer mehr Aufgaben und Projekte, die aus dem Steuertopf finanziert werden sollen, zwangsläufig zu einer Steuererhöhung.

Besuch vom Finanzamt

Wie sich erst kürzlich laut einer Umfrage der OECD[74] gezeigt hat, sind wir Deutschen mit der Höhe unserer Steuern und Sozialabgaben ohnehin – nach den Belgiern – die Spitzenreiter in einer Auswahl vergleichbarer Industriestaaten. Im Ergebnis werden eindeutig die falschen, nämlich die Haftpflichtversicherungen, geschont.

Zweitens würde der geplante Umfang des Fonds wohl keineswegs ausreichen. Die Zahl der nachgewiesenen Behandlungs-

---

74 Die Organisation für wirtschaftliche Zusammenarbeit und Entwicklung (englisch **O**rganisation for **E**conomic **C**o-operation and **D**evelopment) ist eine Internationale Organisation mit 35 Mitgliedstaaten und Sitz in Paris, die sich der Demokratie und Marktwirtschaft verpflichtet fühlen. Fast alle Mitglieder der OECD sind Länder mit hohem Pro-Kopf-Einkommen und gelten als entwickelte Länder.

fehler ist ja deutlich geringer als die Zahl der naheliegenden, aber nicht nachgewiesenen Behandlungsfehler. Um den Fond ausreichend zu füllen – und das Jahr für Jahr–, müsste aus Steuermitteln also kräftig eingezahlt werden, wenn man den Geschädigten wirklich finanzielle Hilfe zukommen lassen möchte und nicht nur symbolische, gut gemeinte Almosen.

Drittens könnte solch ein Fond auch Begehrlichkeiten wecken bei Patienten, die selbst nicht an einen Behandlungsfehler glauben, aber den Fond als Möglichkeit „für schnelle Kohle" ohne Leistung missbrauchen möchten. Ich musste öfter diesen oder ähnliche Sätze hören: „Schauen Sie mal, ob Sie was drehen können. Ich brauche Geld." Solchen Menschen könnte der Fond falsche Anreize geben.

Und viertens würde der Fond bei den Ärzten, die vor Gericht als Sachverständige über einen Behandlungsfehler befinden sollen, die Hemmschwelle zur Erstattung eines unrichtigen Gutachtens zugunsten des Kollegen senken, wenn sie davon ausgehen können, dass ihr kollegenfreundliches Gutachten dem Patienten ohnehin nicht schaden kann. Er bekommt ja sowieso Hilfe aus dem Fond, auch wenn sie einen Fehler verneinen. Das wäre ein falsches Signal an die Adresse der Sachverständigen und zudem eine Art Lossprechung von der Gutachtersünde.

Alles in allem ist der Fond noch nicht der Weisheit letzter Schluss, die Konzeption jedenfalls noch verbesserungsfähig.

6. Kapitel
Interviews

Wie eingangs versprochen, kommen auch Vertreter der „Hauptdarsteller" in der Arzthaftung hier zu Wort. Die Kollegen waren so freundlich, mir trotz voller Terminkalender ihre kostbare Zeit zu schenken.

Zunächst ein Gespräch mit **Herrn Wilhelm Schneider, Richter und Vorsitzender Richter am Oberlandesgericht München a.D.** Nach etwa acht Jahren als Beisitzer, davon sieben Jahre als stellvertretender Vorsitzender im ersten Zivilsenat, der sich unter anderem mit Arzthaftung, Zahnarzthaftung und Tierarzthaftung beschäftigte, nahm er die beiden letzten Rechtsgebiete mit in den dritten Zivilsenat, den er als Vorsitzender bis zu seinem Eintritt in den Ruhestand Ende Februar 2017 zehn Jahre leitete.

Herr Schneider, fehlt Ihnen Ihr Job?

*Nach gut drei Monaten Pensionistenschlendrian kann ich sagen, dass mir **ein** Job insoweit fehlt, als ich mich gerne weiter beruflich betätigen würde, dies aber in einem etwas geringeren zeitlichen Umfang als bisher. **Mein** Job, das heißt, die Befassung mit den juristischen Fällen, die mein täglich' Brot war, fehlt mir nicht unbedingt. (schmunzelt – Anm. d. Autorin)*

Unterscheiden sich die Patienten in der Arzthaftung von denen in der Zahnarzthaftung?

Nun, in beiden Fällen geht es ja darum, dass ein Patient in der Regel etwas von einem Arzt will und dabei den üblichen Dreiklang anstimmt: Er möchte Schmerzensgeld, materiellen Schadenersatz und die Feststellung künftiger Ersatzpflichten. Die Arzthaftungsfälle unterschieden sich insoweit von den Zahnarzthaftungsfällen, als es bei Ersteren hinsichtlich der durch eine Behandlung oder unterlassene Behandlung verursachten körperlichen Beeinträchtigungen des Patienten als auch der daraus resultierenden Schadenspositionen zumeist um weitaus mehr geht als im Bereich der Zahnarzthaftung. Hier ist ein Streitwert von – sagen wir – über 50.000 € eher die Ausnahme. Was ich über all die Jahre im Rahmen der Zahnarzthaftung immer wieder feststellen konnte, ist, dass hier, anders als im Bereich der Arzthaftung, überproportional viele Frauen als Kläger vertreten sind, ganz deutlich mehr als es ihrem Bevölkerungsanteil entspricht. Ob dies darauf beruht, dass Frauen einfach eher und öfter zum Zahnarzt gehen, weiß ich nicht. Leider muss ich aber auch bemerken, dass von den klagenden Zahnarztpatientinnen, die mir untergekommen sind – und glauben Sie mir, es waren im Lauf von 18 Jahren sehr viele – ein großer Teil, sagen wir es gnädig und ohne präzise diagnostische Angaben: psychisch auffällig war.

Hat sich in den letzten zehn bis 15 Jahren das Arzt-Patient-Verhältnis in der Arzt- und Zahnarzthaftung verändert?

Das Arzt-Patient-Verhältnis, sei es nun im Bereich der Arzt- oder der Zahnarzthaftung, dürfte sich außerhalb oder im Vorfeld eines Prozesses, natürlich auch mit Auswirkungen auf einen späteren Rechtsstreit, aus verschiedenen Gründen verändert haben, und zwar

im Sinne einer Verschlechterung. Soweit sich dies verallgemeinern lässt, könnte man Folgendes anführen:
Erst einmal aus der Sicht des Patienten: Ich denke, dass dieses Verhältnis früher wohl durch mehr Vertrauen geprägt war, das der Patient einem Arzt entgegengebracht hat, den er – möglicherweise unabhängig vom Bildungsstand – als „Halbgott in Weiß" angesehen hat. Diese Sichtweise scheint mir weitgehend der Vergangenheit anzugehören.
Dazu hat wohl entscheidend beigetragen, dass medizinische Themen und das Arzt-Patient-Verhältnis in den letzten Jahren immer mehr in den Fokus medialer Berichterstattung gerückt sind und das nicht gerade in einer den Ärzten schmeichelhaften Weise. Es wird deutlich: Auch Ärzte sind nur Menschen. Behandlungsfehler werden mittlerweile viel stärker thematisiert als früher. Es besteht ein Interesse in der Öffentlichkeit, darüber informiert zu werden. Das habe ich auch in meiner mehr als sechsjährigen Zeit als Pressesprecher des Oberlandesgerichts München für Zivilsachen konkret erlebt. Wurden die Medien im Vorfeld einer mündlichen Verhandlung auf Arzthaftungssachen oder gelegentlich kuriose Zahnarzthaftungssachen hingewiesen, konnte man fast sicher sein, dass im Termin Medienvertreter anwesend sein würden. Das den Arzthaftungssachen von außen entgegengebrachte Interesse ist auch verständlich. Da jeder Mensch Arztpraxen gelegentlich von innen sieht und, wenn er Pech hat, sich auch einmal im Krankenhaus wiederfindet, fühlt man sich bei Medienberichten über Kunstfehlerprozesse als möglicherweise später auch einmal Betroffener. Da medienträchtig ja nur die Fälle werden, bei denen jemand glaubt oder weiß, dass ein Arzt nicht nach den Regeln der Kunst behandelt hat, schlimmstenfalls „gepfuscht hat", beeinflusst das in diesen Fällen vermittelte Bild vom ärztlichen Behandlungsgeschehen die öffentliche Meinung sicher mehr als die ungezählten ärztlichen Behandlungen, die ohne Komplikation verlaufen sind – so nach dem Motto: „Holzauge, sei wachsam, nicht dass dir das auch einmal passiert."

Ein weiterer Grund für ein nachlassendes Vertrauen von Patienten gegenüber Ärzten könnten auch Berichte über Miss- und Notstände im Gesundheitswesen sein, die nicht gerade hoffnungsfroh stimmen. Dass, was der Wahrheit entsprechen dürfte, zum Beispiel jüngere angestellte Krankenhausärzte oft am Limit arbeiten, mit Bereitschaftsdiensten überfordert sind und mit Überstunden und Übernächtigung zu kämpfen haben, führt bei dem einen oder anderen Patienten vielleicht doch zu der Frage: Bin ich da noch gut aufgehoben? Dass der Allgemeinarzt in einer gut gehenden Praxis, die von Kassenpatienten überquillt, sich um jeden Patienten schon in zeitlicher Hinsicht gar nicht mehr so kümmern kann, wie es vielleicht erforderlich wäre, macht auch etwas misstrauisch. Privatpatienten mögen da noch etwas besser dran sein als die Patienten der gesetzlichen Krankenkassen. Vielleicht fragt sich in Deutschland der eine oder andere mittlerweile auch, ob die medizinische Versorgung nicht weiter darunter leidet und immer stärker leiden wird, dass die zur Verfügung stehenden Mittel begrenzt sind, diese sich aber immer mehr auch auf ins Land zugewanderte Patienten und Patientenfamilien verteilen, die für ihre Versorgung hier keinen Beitrag geleistet haben und leisten konnten. Auch das mag Auswirkungen auf die Qualität des Behandlungsgeschehens und auf das Vertrauen in die Ärzte haben. Dass jegliche Überlegungen in diese Richtung gern als politisch nicht korrekt angesehen werden, macht das Ganze nicht besser.

Das Arzt-Patient-Verhältnis hat es im Lauf der Jahre sicher auch beeinflusst, dass ein sich schlecht behandelt fühlender Patient heute mehr Möglichkeiten hat und nicht so schnell klein beigeben wird. Das Gefühl, seinem Arzt ausgeliefert zu sein, und, wenn eine Behandlung oder Operation misslungen ist, sowieso nichts machen zu können, auch wenn man meint, der Arzt habe etwas falsch gemacht, dürfte passé sein. Es gibt heute vermehrt Anlaufstellen für Patienten, die Opfer eines Behandlungsfehlers geworden sind oder das zumindest meinen. Schon der Blick ins Internet hilft einem Patienten da weiter. Darüber hinaus hat sich die Anzahl der Fachanwälte für Medizinrecht in den letzten Jahren meines Wissens mehr als verzehnfacht. Und, vergessen Sie eines nicht: Der gute Deutsche hat eine Rechtsschutzversicherung, die ein Prozessieren relativ gefahrlos ermöglicht. Daneben wird auch der Umstand, dass es mittlerweile einige Ärztebewertungsportale gibt, so zweifelhaft sie im Einzelfall auch sein mögen, dem einen oder anderen Patienten ein gewisses Gefühl von Macht geben, zumindest das Patientenselbstbewusstsein stärken.

Aber ich meine, dass das Arzt-Patient-Verhältnis sich auch aus der Sicht des Arztes etwas verändert hat. Ich glaube schon, dass etliche Ärzte ihren Patienten gegenüber vielleicht etwas vorsichtiger geworden sind. Schließlich weiß der Arzt, dass er es verstärkt mit – im positiven Fall – mündigen Patienten zu tun hat, dass ihm aber – im Worst-Case-Szenario – durchaus auch einmal ein ekelhafter Patient aufwartet. In der Patientenschar sind nun mal auch schwarze Schafe, die, unterstützt durch Rechtsschutzversicherungen, windige Anwälte (auch die gibt es leider) und angedrohte Rufmordkampagnen, dem Arzt das Leben schwermachen können. Und damit korreliert natürlich dann auch, dass der Arzt heute vielleicht nicht mehr so offen ist im Gespräch mit seinen Patienten, wenn im Behandlungsgeschehen irgendwelche Probleme aufgetaucht sind bzw. wenn ein möglicher Fehler oder dessen Folgen zu diskutieren wären. Der Arzt weiß dann seine Haftpflichtversicherung im Rücken, die ihn zwar weitgehend schützt, die von ihm aber auch fordert, auf gut Deutsch „das Maul zu halten". Dabei täte oft ein vertrauensvolles Gespräch zwischen Arzt und Patient not, damit der Patient sieht, der Arzt meint es doch gut mit mir und versucht alles Mögliche, um mir weiterzuhelfen. Vielleicht hätte es manchen Prozess verhindert, wenn der Arzt nach einem möglichen Fehler mehr Mut aufgebracht hätte und sich nicht so sehr dem Diktat seiner Haftpflichtversicherung ausgesetzt sehen würde.

Was hat Sie als Richter an den Patienten in der Arzt- und Zahnarzthaftung geärgert?

Ein Patient, der nachvollziehbar um sein Recht kämpft, hat mich eigentlich nie geärgert. In der Regel ist ja auch in einem Prozess die Situation für den Patienten immer noch schwieriger als für den Arzt. Ein Ärgernis war es des Öfteren, wenn bei einem fehlgeschlagenen Behandlungsfehlervorwurf versucht wurde, über einen Aufklärungsfehler doch noch zum Ziel zu kommen, auch wenn dieser Vorwurf noch so absurd war und der Entscheidungskonflikt, der sich bei richtiger Aufklärung angeblich ergeben hätte, nur herbeifantasiert werden konnte. Nicht verhehlen kann ich gewisse Ressentiments gegenüber Klägerinnen (auf solche hat es sich beschränkt), die die Prozessakten durch umfangreiche persönliche Aufzeichnungen über jegliche Behandlungsschritte und Gespräche angereichert haben. Gelegentlich hatte ich es auch mit Klägern/Klägerinnen zu tun, die in sehr subjektiver, rechthaberischer Sicht einen missionarischen Eifer darin entwickelten, ihre Leidens- und Prozessgeschichte in einem Internetauftritt auch anderen zugänglich zu machen, um auf diese Weise entweder Gleichgesinnte oder Unterstützer zu finden oder, wie sie meinten, anderen dabei zu helfen, dass ihnen nicht so etwas passiert. Ich würde nichts vermissen, wenn ich diesen Personen nicht im Gerichtssaal begegnet wäre.

Was hat Sie als Richter an den Ärzten geärgert?

Bei den Ärzten hat mich des Öfteren die immer wieder zutage getretene Feigheit, eigene Fehler zuzugeben, geärgert. Aber ich meine, das ist wohl ein großenteils durch die ärztliche Haftpflichtversicherung verursachtes Problem.

Wie war das mit den Anwälten?

*Bei den Anwälten hat mich zuweilen das Stellen vollkommen überzogener Schmerzensgeld- und Schadenersatzforderungen gestört, denen man anmerkte, dass eine dahinterstehende Rechtsschutzversicherung geschlafen hat oder sich hat über den Tisch ziehen lassen. Verständnis hatte ich dafür nur dann, wenn bei ansonsten recht kleinen Streitwerten und ganz schwierigen Patienten der Anwalt letztlich der Dumme gewesen wäre. Bei etlichen Anwälten habe ich die vorherige Abklärung von Vergleichsmöglichkeiten mit der Haftpflichtversicherung und manchmal auch die fehlende Bereitschaft vermisst, sich in dem Termin kurzerhand mit dem Versicherer ins Benehmen zu setzen. Speziell bei den Fällen der Zahnarzthaftung fand ich es oft unerträglich, dass vermeintlich gewiefte Anwälte in ihren überbordenden Schriftsätzen gewissermaßen mit dem Schrotgewehr geschossen haben, um irgendeinen Behandlungsfehler zu treffen, mit dem der Zahnarzt dann zur Strecke gebracht werden konnte. Alles, was bei einer bestimmten Behandlung nur theoretisch hätte falsch gemacht werden können, ist zuweilen als Vorwurf aufs Tapet gebracht worden in der Hoffnung, dass **ein** Fehler schon irgendwie hängen bleiben wird.*

Dass ich mich wie bei Prozessen, die andere Rechtsgebiete betroffen haben, auch in Fällen der Zahnarzt- und Arzthaftung zuweilen über das Abfassen überlanger, ungegliederter Schriftsätze geärgert habe, sollte nicht verwundern. Mit dieser Kritik stehe ich im Kreise meiner Kollegen ganz sicher nicht allein. Dass das Einsenden langer Schriftsätze ganz kurz vor dem Verhandlungstermin, sodass sich weder Gegner noch Gericht ausreichend darauf vorbereiten konnten, mich ebenso manchmal um Fassung ringen ließ, verschweige ich auch nicht.

Trifft es zu, dass man auf hoher See und vor Gericht in Gottes Hand ist?

Nun, man wird sagen dürfen, dass die weit überwiegende Mehrzahl der Richterkolleginnen und -kollegen ihren Job verantwortungsvoll und gut bis sehr gut macht. Ich kann mich an viele Berufungen erinnern, wo mir landgerichtliche Urteile zur Überprüfung vorlagen, in denen die Erstrichter den zugrundeliegenden Fall perfekt aufgearbeitet haben, in denen die erste Instanz alles erkannt hat, allen notwendigen Beweisen nachgegangen ist, eine kluge Beweiswürdigung angestellt und ein rechtlich fundiertes, wohlbegründetes und hieb- und stichfestes Urteil abgefasst hat. Bemerkens- und lobenswert ist dies deshalb, weil die Arbeitsbelastung an den Landgerichten oft recht heftig ist. Aber, ebenso wie es bei den Patienten, Anwälten und Ärzten schwarze oder graue Schafe geben kann, wird man auch die Richterschaft da nicht ganz ausnehmen können. Es gibt Richter – gottlob ist es eine verschwindend geringe Zahl –, die, um es rechtsstaatsfreundlich zu sagen, auch bei Arzthaftungsfällen nicht davor haltmachen, sie gelegentlich in einer Art und Weise zu bearbeiten und zu entscheiden, dass daraus ein gehöriges Maß an Faulheit oder Inkompetenz oder Überforderung spricht. Da bietet z. B. das Rechtsinstitut der Verjährung, im Rechtsstreit schlampig geprüft, gerne mal eine brauchbare Möglichkeit, sich eines Falles schnell zu entledigen. Das böse Wort von der Rechtsbeugung möchte ich dabei aber nicht in den Mund nehmen. Zumindest ist mir kein Fall begegnet, in dem das nachweisbar vorsätzlich geschehen wäre. Der Vergleich mit der hohen See und Gottes Hand hinkt aber auch in diesen Fällen etwas, weil wir ja einen Rechtsmittelzug haben und die nächste Instanz solche Fehlurteile in aller Regel wieder korrigieren kann.

Wie sehen Sie die Rolle der Sachverständigen im Arzthaftungsprozess? Haben die Sachverständigen Hemmungen, Behandlungsfehler zu bestätigen? Hatten Sie den Eindruck, dass es Sachverständige gibt, die hinter den Kulissen mit den Ärzten Absprachen treffen zu Lasten der Patienten?

Ein vom Gericht bestellter Sachverständiger ist nach gesetzlichem Verständnis Gehilfe des Gerichts. Ohne Sachverständigengutachten lässt sich so gut wie gar kein Arzthaftungsprozess zu Ende bringen. Der Sachverständige wird gleich zu Beginn seiner Tätigkeit darüber belehrt – und wenn er schon einmal ein Gutachten verfasst hat, weiß er dies ohnedies –, dass er das Gutachten unparteiisch und nach bestem Wissen und Gewissen zu erstatten hat. Ich habe immer gehofft, dass sich die Sachverständigen daran auch halten, bin aber gelegentlich schon ins Zweifeln geraten, ob sich die Sachverständigen das immer so zu Herzen genommen haben.
Ich glaube zunächst nicht, dass jeder Sachverständige so viel Mut hat bzw. Fairness aufbringt, obwohl er das eigentlich tun müsste und er auch darüber belehrt wird, von vornherein klar zum Ausdruck zu bringen, ob in seiner Person irgendein Grund vorliegt oder vorliegen kann, der einer Partei das Recht und die Möglichkeit geben würde, ihn wegen Besorgnis der Befangenheit abzulehnen, ob ihn also z. B. mit dem beklagten Arzt irgendetwas verbindet. In einigen Fällen sickerten da so nach und nach, wenn sich die durch das Gutachten eher benachteiligte Partei ins Zeug legte, Informationen durch, die man sich von einem neutralen Sachverständigen erwartet hätte, bevor er mit dem Gutachten beginnt. Auch der immer wieder mal bemühte Satz, wonach eine Krähe der anderen kein Auge aushackt, wird sich vielleicht, ohne dass ich das aber mit dieser Deutlichkeit verifizieren konnte, in dem einen oder anderen Fall durchaus als nicht so ganz falsch erwiesen haben, wenn man mit den Krähen die Sachverständigen und die Ärzte meint. Es drängte sich manchmal schon etwas auf, dass den einen oder anderen Sachverständigen,

zumal wenn er auf seinem Fachgebiet weiterhin klinisch tätig ist, vielleicht zu sehr die Befürchtung leitete, bei zu viel Wahrheit als Nestbeschmutzer dazustehen. Manche Sachverständige, diese Erfahrung habe ich gemacht, hatten zuweilen Hemmungen, einen ärztlichen Fehler zumindest in einem schriftlichen Gutachten klar als solchen zu bezeichnen. Aber Gott sei Dank besteht ja immer die Möglichkeit, einen Sachverständigen, sei es auf Antrag einer Partei, sei es, weil das Gericht noch nicht so überzeugt ist, in einer mündlichen Verhandlung anzuhören. Und da können sie dann, optimalerweise noch unterstützt durch engagierte Beisitzer und die bislang benachteiligte Partei bzw. deren Prozessvertreter, einem Sachverständigen schon ganz schön auf den Zahn fühlen. Eine Gewähr dafür, dass Sie nicht einem falschen Gutachten aufsitzen, haben Sie aber auch dadurch nicht.

Es gab im medizinischen Bereich zuweilen Gutachten, deren Ergebnis ich nicht so recht nachvollziehen konnte, wenn ich versucht habe, mich der zu klärenden Frage, ob sich gegen einen Arzt zurecht ein Vorwurf richtet, mit meinem gesunden Menschenverstand zu nähern, den auch ein Richter hat und den er nicht vor dem Sitzungssaal abgibt. Mich hat schon gelegentlich, wenn auch sehr selten, das Gefühl beschlichen, dass im Hintergrund etwas läuft, von dem das Gericht und eine der beiden Seiten, bevorzugt die des klagenden Patienten, nichts weiß. Dass ein Sachverständiger in einem der von mir und meinen Senaten entschiedenen Fälle sehenden Auges und ganz bewusst ein falsches Gutachten erstattet hat, um einer der Parteien zu helfen, kann ich nicht ausschließen, habe dafür aber keinerlei Anhaltspunkte. Um Missverständnissen vorzubeugen: Ich glaube, dass ich mit der ganz überwiegenden Anzahl der von mir eingeschalteten medizinischen Sachverständigen mehr als zufrieden sein kann. Ich habe sehr viele Gutachter erlebt, vor denen ich höchsten Respekt habe und die ich als über jeden Zweifel erhaben ansehe. Schwarze Schafe sind aber nirgendwo auszuschließen. Was die medizinischen Sachverständigen betrifft, werden Sie als gut ver-

netzte Rechtsanwältin und Ärztin das sicher viel besser nachvollziehen können als eine Person, die nicht vom Fach ist."

Frau Dr. Ursula Beuth, geb. 1964, ist **seit 1998 Ärztin für Allgemeinmedizin** und seit rund 12 Jahren in einer Gemeinschaftspraxis niedergelassen.

Frau Dr. Beuth, wissen Sie, seit wann es Arzthaftung gibt? Wann wurden nach Ihrer Meinung die ersten Kunstfehlerprozesse geführt?

Ich schätze mal Mitte des 18. Jahrhunderts?

Was sagt Ihnen der Begriff „Patientenrechtegesetz"?

Gott sei Dank wurde ich damit bisher noch nicht konfrontiert.

Was wissen Sie über die aktuelle Rechtslage in der Arzthaftung – in groben Zügen?

Ein Behandlungsfehler muss letzten Endes vom Patienten bzw. dessen Anwalt nachgewiesen werden. Ich muss eine Aufklärung nach dem aktuellen Stand der Medizin leisten – und das im Zweifelsfall auch nachweisen können anhand der schriftlichen Unterlagen.

Wie präsent ist Ihnen der Gedanke an einen eigenen Haftungsfall?

Der ist mir täglich präsent. Ich bin jeden Abend froh, wenn nichts vergessen wurde im Rahmen dieser sehr schnellen Arbeitsweise, die uns natürlich aufgezwungen wird, sonst müssten wir jeden Tag 24 Stunden arbeiten.

Wie viele Patienten sehen Sie und Ihr Kollege jeden Tag im Durchschnitt?

Im Durchschnitt würde ich mal sagen: zusammen so um die 50 Patienten.
Daneben gibt es aber auch – man könnte es Kleinkontakte nennen – Patienten, die kommen und ein Wiederholungsrezept haben möchten. Da muss man sich dann auch kurz mit der Krankengeschichte auseinandersetzen, insbesondere wenn es Folgeverordnungen sind, die ein anderer Kollege, zum Beispiel ein Orthopäde, erstmalig veranlasst hat. Dann gibt es natürlich eine Laborliste vom Vortag oder auch mal aktuell geschickte Laborwerte vom Krankenhaus. Um solche Fälle muss ich mich zwischendrin auch kümmern. Es gibt immer wieder Telefonate, wenn beispielsweise ein Kollege vom Klinikum anruft. Da muss man manchmal auch ein längeres Gespräch über 15, 20 Minuten führen, weil ein Patient übers Wochenende ins Krankenhaus eingeliefert werden musste aufgrund einer Erkrankung, die einem selbst noch nicht bekannt ist – und so weiter. Ein zusätzlicher Notfall stellt natürlich den Super-Gau dar, zum Glück sind die aber nicht so häufig.

Wie viele Mitarbeiter haben Sie in der Praxis?

Eine Vollzeitkraft, eine Kraft mit 30 Stunden, zwei Kräfte mit gut 20 Stunden und eine Kraft mit 15 Stunden.

Wie viele Wochenstunden arbeiten Sie im Durchschnitt?

Im Durchschnitt dürfte das bei 50 Stunden liegen.

Hatten Sie selbst schon mal einen Haftungsfall?

Nein, bisher Gott sei Dank nicht.

Hat sich nach Ihrer persönlichen Erfahrung die Arzt-Patient-Beziehung in den letzten 20, 30 Jahren verändert? Ist es schwieriger geworden, als Arzt zu praktizieren? Gibt es mehr Ärger? Wenn ja, welchen?

Das Ganze wird aufwändiger, weil die Medizin mehr kann und weil es auch viel mehr diagnostische Möglichkeiten gibt, einen Patienten untersuchen zu können, um auch seltene Erkrankungen ausschließen zu können. Es gibt neue Therapien im Bereich Rheumabehandlung, im Bereich der Onkologie. Die machen das Ganze natürlich sehr viel komplexer. Ältere Patienten mit zehn Medikamenten und noch mehr sind nicht mehr die Ausnahme wie vielleicht noch vor zehn Jahren. Da muss sehr viel bedacht werden von wegen mögliche Interaktionen der Medikamente. Diese Geschichten sind teilweise gar nicht mehr zu überblicken von uns. Schiefgehen soll aber bitte nichts. Diese Erwartung haben die Patienten einfach, genauso die Angehörigen. Schwirig ist natürlich auch, dass jeder gerne so lange wie möglich fit und gesund bleiben möchte, aber das Ableben soll dann bitte ein kurzes Einschlafen sein. Und am nächsten Tag dann einfach nicht mehr da sein. In diesem Spannungsfeld bewegt man sich als Hausarzt. Es ist auch letzten Endes schwierig, die Grenze da zu ziehen, wo man fünfe gerade sein lässt, weil ein Patient ein bestimmtes Alter hat. Darf denn ein Mensch mit 98 Jahren nicht auch mal versterben? Muss es immer die komplette Latte der Intensivmedizin sein, die dem Hausarzt dann nach zwei, drei Wochen Krankenhausaufenthalt einen leicht gebesserten, aber bei Weitem nicht gesunden Patienten zurück beschert? Dann geht es wieder von vorne los. Solche Patienten landen nach zwei, drei Monaten wieder im Krankenhaus – wieder Intensivbehandlung – wieder zurück. Da ist es manchmal eine ganz schwierige Angelegenheit, herauszufinden, was der Patient eigentlich selbst möchte. Man muss auch immer aufpassen, dass man nicht in ein Spannungsfeld mit den Angehörigen oder auch den Pflegekräften gerät. Im Zweifelsfall macht man dann oft mehr, als man selbst als Arzt für sinnvoll halten würde.

Hatten Sie früher mehr Zeit für Ihre Patienten als heute?

Früher war mehr Zeit, weil es noch nicht so viele und komplexe Behandlungsmöglichkeiten gab. Es gab noch nicht so viele Facharztbefunde. Der Patient blieb auch länger beim Allgemeinmediziner, bevor er zu einem Facharzt oder in ein Krankenhaus weitergeschickt wurde. Inzwischen schleusen wir jeden Tag viel mehr Patienten durch, die aber doch von uns irgendwie überblickt werden sollen – gerade hinsichtlich ihrer Facharztbefunde. Ich verbringe pro Tag mindestens eine Stunde, wenn nicht eineinhalb, damit, die Facharztbefunde durchzulesen, sinnvoll in die Kartei als Kurztext einzutragen und auch die Patienten dann anzurufen, wenn der Fachkollege noch weitere Untersuchungen anfordert, zum Beispiel die

Kontrolle eines unklaren Lungenrundherds oder eines auffälligen Laborbefunds im zeitlichen Verlauf. Es ist ja dann meine Pflicht als Hausarzt, das mit dem Patienten zu besprechen und gemäß seinem Wunsch umzusetzen. Auch das kostet wieder Zeit. Da hat man schon die Sorge, einen Facharztbericht, der über sechs oder acht Seiten geht, nur oberflächlich zu lesen und in irgendeiner Ecke die Anforderung einer weiteren Kontrolle oder Abklärung in ein paar Wochen oder Monaten zu übersehen. Im Hintergrund immer die Angst, vor dem Richter zu landen, wenn es dumm läuft. Und weil solche Sachen so lange dauern, fehlt im Ergebnis oft die Zeit für das eine oder andere persönliche Gespräch mit den Patienten. Auch wenn man sie gerne hätte.

Was ärgert Sie an den Patienten (am meisten)?

Am meisten ärgern mich natürlich überzogene Ansprüche und Erwartungen: noch mal untersuchen und noch mal untersuchen und noch mal untersuchen. Es soll so sein wie beim Auto: Ich liefere es in der Werkstatt ab und bekomme es dann wieder zu 100 Prozent repariert zurück. Es gibt aber chronische Erkrankungen, bei denen auch die heutige Medizin mit all ihrem Können und allen Untersuchungsmöglichkeiten keine befriedigende Situation für den Patienten schaffen kann. Das muss man dem Patienten einfach offen sagen. Wenn man zum Beispiel ausgeschlossen hat, dass an Bauchschmerzen eine schlimme organische Krankheit schuld ist, muss man auch mal sagen dürfen: „Ich kann dir hier nicht mehr weiterhelfen, geh' doch bitte zum Heilpraktiker. Vielleicht hat der eine Idee – Symbioselenkung, Homöopathie, was auch immer–, um deine funktionellen Beschwerden lindern zu können." Dann sind manche Patienten trotzdem nicht zufrieden, vielleicht auch, weil der Heilpraktiker zusätzliches Geld kostet und sie am liebsten eine Komplettversorgung auf Chipkärtchen-Flatrate haben möchten. Uns stehen im Durch-

schnitt 70–80 Euro pro Quartal, also für drei ganze Monate, für die komplette Behandlung zur Verfügung. Wir können da nicht alles in letzter Konsequenz ausbehandeln und ausdiskutieren. Viele Patienten verstehen und akzeptieren das. Es gibt aber Kandidaten, die immer wieder kommen und sagen: „Jetzt müssen Sie mal ... jetzt hätte ich gerne ... ich bin einfach nicht zufrieden. Der Gynäkologe schaut mich nicht richtig an, der Orthopäde schaut mich nicht richtig an, der Neurologe hat mir nicht erklärt, was ich habe." Manche wollen sogar noch ihre Facharztberichte ohne greifbares Ergebnis rauf und runter diskutieren. Das ärgert.

Wenn nun ein Patient zu Ihnen käme und sagen würde: „Ihnen ist ein Behandlungsfehler unterlaufen!" Wie würden Sie reagieren?
Nehmen wir ein Beispiel. Der Patient behauptet, bei der letzten Untersuchung soll ein Befund an der Bauchspeicheldrüse von Ihnen übersehen worden sein. Was würden Sie diesem Patienten sagen?

Tja, ganz ehrlich: Da steigt schon erst mal der Blutdruck, man empfindet eine Kombination aus Angst und Ärger. Solche Fälle hatte wohl jeder Arzt schon mal. Man denkt: Hoffentlich kommt da jetzt nichts auf mich zu. Ich würde dem Patienten auf jeden Fall sagen, dass ich das Ganze erst in Ruhe anschauen muss. Bei laufender Sprechstunde würde ich ihm sagen: Wir klären das ab, aber im Moment ist die Zeit dafür nicht vorhanden. So gewinne ich ein bisschen Ruhe und Zeit. Ich würde ihn bitten, mir den schriftlichen Befund, aus dem sich mein Fehler ergeben soll, dazulassen, damit ich mir das alles in Ruhe durchlesen kann. Vielleicht gibt es ja doch Gründe, warum etwas zunächst nicht aufgefallen ist. Solche Fälle gibt es immer wieder. Es kann zum Beispiel schon vorkommen, dass man bei einer Ultraschalluntersuchung des Ober-

bauchs die Bauchspeicheldrüse nicht einsehen kann, weil der Patient viel Luft im Bauch hat oder zu dick ist. Also ich würde grundsätzlich mit dem Patienten darüber reden, aber kein Schuldgeständnis geben, weil einem von den Juristen davon ja immer abgeraten wird. Sonst könnte die Haftpflichtversicherung die Haftung ablehnen. Ich würde dem Patienten sagen: „Du hast jetzt das Gefühl, dass da was falsch gelaufen ist. Das muss noch überprüft werden. Ich bin jedenfalls für solche Fälle versichert." Wenn es ein Fehler ist, dann ist die Versicherung genau dafür da, einen beim Patienten eventuell entstandenen Schaden zu regeln. Ich würde dem Patienten auf jeden Fall sagen, dass es mir leidtut, dass er jetzt in dieser Situation ist, aber mich nicht zur Frage der Schuld äußern.

Wie lassen sich Behandlungsfehler im Praxisbetrieb am besten vermeiden? Was müsste man verändern oder ergänzend veranlassen?

Das ist natürlich ein ständiges Daran-Arbeiten. Es passieren immer wieder Fehler. So ehrlich muss man sein. Die passieren nicht nur im Krankenhaus, sondern auch in jeder Praxis. Ich habe meine Helferinnen zum Beispiel angewiesen, mir auffällige Urinbefunde direkt mitzuteilen. Wir hatten ein paar Fälle, bei denen die Helferinnen die auffälligen Befunde versehentlich nur in die Karteikarte eingetragen haben, ohne mich direkt darauf aufmerksam zu machen. Da ist zum Glück nichts schiefgegangen. Solche Sachen bekomme ich jetzt von den Helferinnen als schriftliche Info hingelegt. Ganz wichtig ist auch: Sich selbst immer wieder ermahnen, nicht schnell, schnell zu machen, sondern einfach sich die Zeit nehmen, Briefe von den Fachärzten geduldig durchzulesen. Hudelei ist immer der Anfang des Fehlers. Leider Gottes laufen manche Tage aber genau so, dass man die Geschwindigkeit hochdrehen muss, damit man irgendwann noch nach Hause kommt. Um das

Tempo ein bisschen rauszunehmen, haben wir uns einen Aufnahmestopp verordnet. Es würden sonst immer neue Patienten in die Praxis drängen, weil die Allgemeinärzte ja immer weniger werden oder zu alt sind. Manche sind mit dem alten Kollegen nicht mehr so zufrieden und wollen deswegen wechseln. Natürlich tut einem das oft sehr leid, wenn die Patienten weggeschickt werden. Es sind oft wirklich nette Patienten, die anfragen. Aber wir brauchen den Aufnahmestopp zumindest zeitweise, damit wir noch vernünftig Medizin betreiben können. Die Gesundheitspolitik ist hier natürlich gefragt, dieses Problem zu erkennen, irgendwann die Allgemeinmedizin wieder besser zu bezahlen und die Rahmenbedingungen zu verbessern, also die Dienstfrequenzen für KV-Dienste, Nachtdienste etc. in den ländlichen Regionen runterzufahren. Diese Punkte müssen bearbeitet werden.

Werden in Ihrer Praxis Fehler systematisch erfasst?

Ja, Fehler und Situationen, die beinahe schiefgegangen wären, werden erfasst. In den Teambesprechungen werden solche Fehler besprochen. Wir zwei Chefs halten zweimal im Monat mit den Helferinnen diese Besprechungen ab. Wir diskutieren darüber, was man machen kann, damit sich das nicht wiederholt.

Wie sehen Sie als Ärztin Ihren Status, Ihre Rolle in der Gesellschaft? Fühlen Sie sich respektiert und angenommen?

Mäßig respektiert. Angenommen, hm – ja. Es ist sehr unterschiedlich. Es gibt Patienten, die großen Respekt vor dem Arzt haben. Und es gibt Leute, die nur auf die Ärzte schimpfen. Es gibt Patienten mit einem ganz ausgeprägten Anspruchsdenken, so wie beim vorhin erwähnten Auto, nach dem Motto: „Ich komme jetzt zu Ihnen und hätte jetzt gerne gewusst, was das ist." Die haben dann schon so einen etwas despektierlichen Ton, lassen ganz gerne den Doktortitel weg. Das muss nicht immer böse gemeint sein, aber bei manchen Leuten ist das beabsichtigt, um sich mit dem Arzt auf die gleiche Stufe zu stellen. Motto: "Sie sind jetzt mein Leistungserbringer, also machen Sie gefälligst." Aber man würde Unrecht tun, wenn man alle Patienten über einen Kamm scheren würde. Es gibt ganz viele Patienten, die einen in den Arm nehmen und sagen, dass sie total froh sind, dass es uns gibt. Das gleicht die anderen Erfahrungen schon irgendwie aus. Es ist einfach ein sehr breites Spektrum. Es gibt sehr freundliche und einsichtige Menschen, die die Kooperation suchen. Und es gibt welche, die einfach unmöglich sind in ihrem Auftreten, diese Einzelkinder-Typen.

Fühlen Sie sich angemessen bezahlt?

Das ist ein schwieriges Thema. Sicher muss man als Hausarzt in Deutschland nicht verhungern, aber reich wird man von seiner Tätigkeit auch nicht.
Wir Hausärzte wurden in den letzten paar Jahren zwar etwas besser bezahlt als in den Vorjahren. Doch dann hat man im letzten Jahr auf einmal beschlossen, die sogenannte „Sicherstellungspauschale" pro Schein von 10 Euro auf 6 Euro zu reduzieren. Einfach so. Das bedeutet bei einer Praxis in unserer Größenordnung einen Einkommensverlust von etwa 30.000 Euro im Jahr, annähernd das Gehalt von einer Angestellten. Wir haben das einfach hinzunehmen, wehren können wir uns dagegen kaum.
Auch aus diesem Grund gibt es immer weniger Hausärzte. Die junge Generation bekommt schon mit, dass die Einkommens-Situation schwankend ist und letztlich über die kommenden Jahre schwer vorauszusagen. So wagt man nicht so gerne den Sprung in die Selbstständigkeit und bleibt lieber irgendwo angestellt. Viele Haus-

arztpraxen finden deshalb auch nur schwer einen Nachfolger und müssen nach Verkauf des Inventars einfach schließen. Für den Praxisinhaber bedeutet dies: keine zusätzliche Alterssicherung durch den Verkauf der Praxis, obwohl man selbst bei Gründung/Übernahme ja auch investieren musste.

**Stichwort: Zufriedenheit mit Ihrem Beruf im Vergleich zur Situation vor zehn Jahren und vor 20 Jahren? Auf einer Skala von 1 bis 10 bedeutet die 10 volle Zufriedenheit.
Wie war es vor 20 Jahren?**

Also vor 20 Jahren? Da muss ich jetzt schon gut nachdenken. Ich würde sagen, eine 6.

Wie war es vor 10 Jahren?

Auch noch 6.

Wie ist es heute?

Eine 5.

Würden Sie unter den heutigen Bedingungen wieder diesen Beruf ergreifen?

Das ist eine Frage, die man sich ganz, ganz oft stellt. Schwierig zu beantworten, weil man mit dem eigenen Leben keinen Doppel-Blind-Versuch starten kann. Ich kann natürlich nicht sagen, ob ich mich in einem anderen Beruf nicht nach Arztsein sehnen würde. Grund-

sätzlich ist es immer noch ein schöner Beruf, der Spaß macht, der einen irgendwie lebendig hält. Es ist aber auch ein Beruf, der auslaugt. Und dieses Auslaugen ist genau der Punkt, wo man sich fragt: Halte ich das noch bis zum Rentenalter aus? Ich bin ein 64er-Baujahr und muss leider Gottes noch durchhalten bis 67. Davor habe ich schon irgendwie Angst. Wir haben momentan das Glück, dass wir unsere KV-Dienste abgeben können. Es kostet zwar pro Dienst 100 Euro, aber das ist noch akzeptabel für uns. Wenn wir die Dienste wieder in hoher Frequenz zusätzlich machen müssten, würde mich das sehr in die Enge treiben, weil ich mit meinen 53 Jahren doch nicht mehr nächtelang durcharbeiten kann. Auch wenn man nur erreichbar sein muss, schläft man nicht gut. Und am nächsten Tag muss man wieder zehn, elf, zwölf Stunden in der Praxis stehen. Da möchte man ja auch konzentriert sein, gute Arbeit leisten für den Patienten. Das ist dann schwierig.

Herr Dr. Thomas Steiner ist seit rund 3 Jahren Vorsitzender Richter des 1. Zivilsenats am Oberlandesgericht München, der für Arzthaftung und Staatshaftung zuständig ist. Herr Dr. Steiner war vor seiner Tätigkeit am Oberlandesgericht bereits neun Jahre Vorsitzender der 9. Zivilkammer am Landgericht München I, die sich ebenfalls mit Arzthaftungsfällen befasst. Dort war er zu Beginn der 90er-Jahre auch schon einmal für zwei Jahre Beisitzer.

Herr Dr. Steiner, hat sich im Laufe der Jahre in der Arzthaftung etwas verändert?

Was sich verändert hat in der Arzthaftung – das ist vielschichtig. Ich möchte einige Punkte nennen. Zum einen gibt es sicher ein anderes Bewusstsein auf der Patientenseite als in früheren Zeiten. Das hängt aus meiner Sicht mit zwei Effekten zusammen: Patienten sind heute besser informiert durch die allseits bekannten Medien. Es hat aber zugleich auch ein gewisser Bewusstseinswechsel stattgefunden, d. h. der Anspruch an den Arzt ist größer als früher, man begegnet ihm vielleicht mehr auf Augenhöhe und will auch informierter sein, als dies früher der Fall war. Eine weitere Veränderung ist mit Sicherheit die zunehmende Professionalisierung im Zusammenhang mit der Fachanwaltsausbildung. Das kann man als Richter einerseits begrüßen. Ich tue das auch tatsächlich, weil wir es natürlich in der Regel mit kompetenten Kollegen zu tun haben – sowohl in den Schriftsätzen als auch in der mündlichen Verhandlung. Ein kleiner Wermutstropfen ist aber auch dabei, denn es wird viel mit Versatzstücken argumentiert. Es wird oft der Fall in irgendeine Richtung gepresst, um ihn an günstige Beweislastregeln aus der BGH-Rechtsprechung anzupassen. Ich sehe allerdings zugleich keine wesentliche Fortentwicklung in der Rechtsprechung. Ich kann mich nicht erinnern, dass in den letzten Jahren viele neue Dinge erkannt worden wären. Wir haben natürlich das neue Gesetz. Auch wenn man immer gemeint hat, dass dieses Gesetz nur das umsetzt, was bisher die Rechtsprechung des BGH war, so gibt es wahrscheinlich doch die eine oder andere Frage, die sich jetzt ein bisschen anders beantworten lässt. Ich kann es aber noch nicht wirklich beurteilen, weil wir die Fälle einfach noch nicht haben.

Warum werden so viele Arzthaftungsklagen erhoben?

Da möchte ich erst einmal die Frage diskutieren, beziehungsweise die Prämisse der Frage. Ich finde es eigentlich recht wenige Verfahren, selbst wenn wir von jährlich 7.000 bis 8.000 in der Bundesrepublik ausgehen. Wir können uns ja mal vorstellen, was allein in der Stadt München jeden Tag an Behandlungen läuft in den großen Kliniken, welche anspruchsvollen Operationen dort durchgeführt werden, wie viele Leute gerade jetzt beim Orthopäden sind, wie viele Frauen gerade ein Kind bekommen und dergleichen mehr. Man kann davon ausgehen, dass es ein Vielfaches mehr an Behandlungsfehlern gibt, als wir Behandlungsfehlerprozesse haben. Insofern finde ich die Zahl nicht erstaunlich. Gleichzeitig muss man natürlich sagen, dass sich in den wenigsten dieser geführten Behandlungsfehlerprozesse ein Behandlungsfehler erweist.

Wenn man es aber von der Zahl löst und sich überlegt, warum die Patienten klagen, stelle ich fest, dass es eine Veränderung in der Haltung gegenüber den Ärzten gibt, wie vorhin schon kurz angesprochen. Dann eine drastische Zunahme an Informiertheit. Viele Leute können aber auch einfach nicht akzeptieren, dass es zu einer Verschlechterung ihres Gesundheitszustandes gekommen sein kann, ohne dass jemand dafür verantwortlich ist. Das ist vielleicht auch so eine Tendenz, die über den Arzthaftungsprozess weit hinausreicht: dass nach Verantwortlichen gesucht wird. Und zugleich eine Tendenz, auch in unserer Gesetzgebung und Rechtsprechung, Risiken zu sozialisieren, sprich zu vergesellschaften. Das zeigt sich dann eben auch bei den klagenden Patienten. Ein weiterer Grund ist mit Sicherheit, dass Anwälte professioneller geworden sind. Man findet als Patient leichter Zugang zu jemandem, der einem dann auch kompetent weiterhilft.

Welche Erfahrungen haben Sie mit der Mediation gemacht?

Wir hatten in den mediierten Medizinschadensfällen sehr gute Ergebnisse. Sehr gute Ergebnisse zum einen im einzelnen Fall. Ich kenne jeden dieser Fälle in seinem Verlauf und in seinem Ergebnis, auch wenn ich nicht immer selbst bei der Mediation dabei war, und kann beurteilen, dass das wirklich hervorragende Abschlüsse waren. Hier ist vielleicht nicht der Platz, auf die einzelnen Fälle einzugehen. Die sind ja auch veröffentlicht und man kann das nachlesen. Es war zum anderen auch statistisch eine sehr hohe Erfolgsrate. Wir haben von elf Fällen neun erfolgreich zum Abschluss gebracht.

Ich kann inzwischen über ein weiteres Projekt berichten, das damit sehr eng verwandt ist, nämlich Körperschäden nach Verkehrsunfällen. Wir haben dort Vergleichsquoten in ähnlich hoher Zahl. Dort ist sogar die Aussage noch belastbarer, denn insgesamt waren es in der Zwischenzeit 40 Fälle allein aus dem Verkehrsschadensbereich. Gleichzeitig muss ich natürlich feststellen, dass sich die Mediation nicht etabliert hat, obwohl das Projekt bewiesen hat, dass sie ein toller Weg sein kann. Aber es zeigt jetzt die Nachbetrachtung, dass wenige Beteiligte bereit sind, diesen Weg zu gehen. Das trifft sowohl auf die Patienten- als auch auf die Behandlerseite zu.

Woran liegt das?

Über Ursachen kann ich nur mutmaßen. Ich denke, und das finde ich als Richter in diesem Bereich ja durchaus positiv, es gibt offensichtlich eine signifikante Grundzufriedenheit mit dem gerichtlichen System. Man hat die Kontrolle einer zweiten Instanz, eventuell sogar einer dritten Instanz, auch wenn das die Ausnahme sein wird. Man hat erprobte Strukturen. Gleichzeitig ist es natürlich so, dass die Behandleranwälte gern diesen eingetretenen Pfaden folgen, d. h. sie schauen gar nicht, wo links und rechts eine Abzweigung sein könnte, die vielleicht auch ein guter Weg zu einem Erfolg für ihren Mandanten sein könnte. Auf Seiten der Beklagten vermute ich zwei Ursachen: Zum einen könnte es sein, dass sich Anwälte, die regelmäßig Behandler beziehungsweise deren Haftpflichtversicherer vertreten, gegen dieses Projekt positioniert haben. Ich denke aber, dies ist eher ein untergeordneter Faktor. Entscheider sind die Haftpflichtversicherer, die offensichtlich die Erkenntnis gewonnen haben, leider ohne diese mit mir zu teilen, dass es besser ist, sich gegebenenfalls verklagen zu lassen. So sehr ich das bedauere, kann ich es aus wirtschaftlichen Gründen bis zu einem gewissen Grad nachvollziehen: Im Falle des Prozesses hat der Behandler noch immer alle Chancen. Er hat die Chance, den Prozess zu gewinnen, d. h. die Chance darauf, dass die Klage abgewiesen wird. Wenn es irgendwann für ihn eng wird, kann er sich immer noch vergleichen, denn auch die Gerichte versuchen natürlich, sinnvolle Vergleiche zu stiften und zu vermitteln. Trotzdem bleibe ich davon überzeugt, dass es immer wieder Fälle gibt und geben wird, in denen die Mediation den Klageverfahren überlegen ist.

Herr Dr. Götz Tacke ist Rechtsanwalt seit 1991, mittlerweile spezialisiert im Bereich der Arzthaftung auf Behandlerseite.

Herr Dr. Tacke, hat sich in den letzten Jahren in der Arzthaftung etwas verändert?

Ich habe das Gefühl, dass die Sachverständigen und Richter in Arzthaftungsprozessen kritischer geworden sind und der Arzt früher größere Aussichten hatte, ein Verfahren zu gewinnen. Ärzte bekommen heute immer öfter Probleme – und dies nicht etwa, weil sie schlechter arbeiten, sondern weil sie mit extrem vielen Formalien belastet werden, beispielsweise die Aufklärung, die Rechtzeitigkeit der Aufklärung und die Behandlungsdokumentation insgesamt. Die ärztliche Dokumentation, die eigentlich ausschließlich dem therapeutischen Interesse des Patienten dienen und eine ordnungsgemäße Behandlung bzw. Behandlungsfortführung sicherstellen soll, wird tatsächlich immer mehr zu einem Instrument des „Selbstschutzes" für den Arzt. Auch ein Arzt, der eigentlich „alles richtig" gemacht hat, kann vor Gericht in Schwierigkeiten geraten, wenn er seine Überlegungen und Handlungen nicht gut genug dokumentiert hat.

Haben sich die Patienten verändert?

Sie haben sich verändert. Das Anspruchsdenken ist gestiegen. Es gibt aus meiner Erfahrung, die natürlich dadurch geprägt ist, dass wir die Fälle bekommen, in denen eine Haftung bereits geprüft und abgelehnt wurde, oft geradezu eine Vollkaskomentalität. Viele Patienten meinen, wenn sie mit einem ganz bestimmten Problem zu einem Arzt gehen, dass dieser sie „reparieren" kann wie eine Maschine oder ein Auto. Wenn sie nachher aus der Behandlung des Arztes oder aus dem Krankenhaus kommen und der Zustand nicht so ist, wie bei ihrem Wagen, den sie zur Inspektion geben oder für den sie einen Reifenwechsel in Auftrag gegeben haben, sind sie unzufrieden und machen den Arzt dafür verantwortlich. Das wird dadurch gefördert, dass viele Patienten rechtsschutzversichert sind und dass es immer mehr Anwälte gibt, die auf den lukrativen Zug der Patientenvertretung aufspringen, auch noch so aussichtslose Fälle annehmen und vertreten, alleine schon, um die Honorare zu liquidieren, die es ja unabhängig vom Erfolg gibt.

Hat sich in den letzten Jahren das Arzt-Patient-Verhältnis verändert?

Der Patient ist kritischer geworden, was einerseits gut ist, aber andererseits auch zu Konfrontationen führt. Ich habe den Eindruck, dass der Arzt seinen Patienten häufig als potenziellen Gegner und nicht als zu heilenden Menschen sieht, woran nicht der Arzt schuld ist, sondern meiner Meinung nach die zunehmende, auch in der Presse lesbare Flut von Klagen. Sehr viele Ärzte sind ihren Patienten gegenüber deswegen kritischer und zurückhaltender geworden. Viele Ärzte fehlinterpretieren das, was ihnen die Haftpflichtversicherung sagt, dahingehend, dass sie keine Empathie zeigen dürfen, dass sie nicht sagen dürfen, wenn ihnen etwas leidtut, wenn eine Behandlung nicht so verlaufen ist, wie erhofft, weil sie Angst davor haben, bestimmte, nicht optimal gelaufene Sachen offen anzusprechen. Sie befürchten, wenn auch zu Unrecht, ihren Versicherungsschutz zu gefährden. Das ist umso bedauerlicher, weil ein vertrauensvolles, offenes Gespräch oft das Wichtigste für den Patienten ist und häufig zur Vermeidung von Klagen führen kann.

Warum klagen so viele Patienten?

Ich glaube nicht, dass es daran liegt, dass die ärztliche Behandlung schlechter geworden ist. Es hat ganz stark damit zu tun, dass man in der Presse immer wieder liest, wie viel Geld in Behandlungsfehlerprozessen verlangt oder auch bezahlt wird. Ich glaube auch, dass die Rechtsschutzversicherungen mit dazu beitragen, dass vermehrt geklagt wird. Das ist keine Kritik an der Institution einer Rechtsschutzversicherung – ich bin selbst rechtsschutzversichert. Es gibt allerdings auch Anwälte, die mit dazu beitragen, indem sie ihren Mandanten erzählen, dass es sich um eine Win-Win-Situation handelt. Sobald der Deckungsschutz der Rechtsschutzversicherung da ist, kann man eigentlich nur gewinnen. Im worst case kriegt man nichts. Es kostet einen aber auch nichts. Im best case kriegt man alles. Und dazwischen liegt – frei nach Monaco Franze: „A bissl was geht immer" – ein Vergleich. Selbst wenn es nur ganz wenig ist, lohnt es sich – zumindest für den Anwalt. Das soll keine pauschale Schelte von Patientenanwälten sein, von denen es viele gute, engagierte und kompetente gibt. Ich kann auch nicht in Abrede stellen, dass es bei der Behandlung von Patienten leider „wie im richtigen Leben" zu Fehlern kommt, die teilweise gravierende Auswirkungen haben. Auch der Arzt ist nur ein Mensch. Wenn ein Patient meint, falsch behandelt worden zu sein, hat er ein Recht darauf, die Gerichte anzurufen. Wenn sich herausstellt, dass tatsächlich ein Fehler vorliegt, müssen berechtigteAnsprü-

che selbstverständlich angemessen reguliert werden – am besten vorgerichtlich.

Wie könnte man einen feststehenden oder ernstlich gemutmaßten Behandlungsfehler außergerichtlich abklären beziehungsweise regulieren?

Ich glaube, dass es schon ganz gute Möglichkeiten gibt. Die Haftpflichtversicherer, die uns beauftragen, haben Abteilungen mit kompetenten Volljuristen. Eine hat mittlerweile etwa 25 Volljuristen, die sich hauptberuflich nur mit Arzthaftungsfällen beschäftigen, und Fachmediziner als Berater. Ich habe den Eindruck, dass bei den Fällen, an denen „was dran ist", von den Versicherern zunehmend bereits vorgerichtlich reguliert wird. Und zwar ganz seriös, teilweise sogar sehr kulant, weil man a) als Versicherer nicht schlecht dastehen möchte und b) Prozesse, die viel kosten (Anwaltsvergütung, Gerichtskosten, Sachverständige), vermeiden kann, wenn man sich vorgerichtlich vergleicht. Ich meine, es muss gar nicht so viel geändert werden. Die Haftpflichtversicherer sind gut aufgestellt mit ihren Rechtsabteilungen, die vorgerichtlich oft gute Lösungen finden.

Was geht ihnen an den Patienten (am meisten) auf die Nerven?

An vielen Patienten geht mir gar nichts auf die Nerven. Wenn mich etwas stört, ist es zum einen die Anspruchshaltung. Zum anderen, dass so oft die Unwahrheit gesagt wird. Eine Richterin am Oberlandesgericht München sagte einmal: „Die Ärzte lügen bei der Aufklärung, die Patienten bei dem Entscheidungskonflikt." Es ist schon ärgerlich, wenn die Patienten, sobald sich im Laufe des Prozesses herausstellt, dass sie lege artis behandelt wurden, auf der Aufklärungsrüge herumreiten. Und dabei merkt man häufig, wie der Pa-

tient hochkonzentriert den Blick auf seinen Anwalt richtet und auswendig gelernt aufsagt: „Dann hätte ich mir eine zweite Meinung eingeholt." Ich halte es in einer Vielzahl von Fällen für unlauter und unehrlich, diese Karte zu ziehen und die Aufklärungsrüge so überzustrapazieren.

Was geht Ihnen an den Ärzten (am meisten) auf die Nerven?

An den meisten Ärzten nervt mich gar nichts, im Gegenteil. Ich bin beeindruckt von der Empathie, die sie an den Tag legen, und den Leistungen, die sie trotz der vielen Restriktionen erbringen, denen sie mittlerweile unterworfen sind. Denken Sie an die niedergelassenen Ärzte, die dokumentieren müssen bis zum Gehtnichtmehr, oder die Krankenhausärzte, die ihr Budget erfüllen müssen, die von ihren kaufmännischen Geschäftsführern getrieben werden, Eingriffe durchzuführen, die vielleicht lukrativ, aber medizinisch nicht immer indiziert sind. Nerven tut mich an Ärzten, wenn sie überheblich sind, wenn sie tatsächlich das althergebrachte Bild eines Arztes abgeben, der mit wehendem Kittel kommt und geht und jede Kritik an sich abprallen lässt. Das nervt mich, ist aber bei uns erstaunlich selten.

Was geht Ihnen an den Gerichten (am meisten) auf die Nerven?

An den Gerichten vor Ort nervt mich eigentlich nichts. Es gibt aber auch Gerichte, die (noch) keine spezialisierten Arzthaftungskammern haben. Dort spürt man manchmal die Unkenntnis und den Unwillen, mit denen Fälle bearbeitet werden, die Einseitigkeit, mit der Sachverständige und Parteien befragt werden, und eine unprofessionelle Protokollierung. Da hat man manchmal schon den Eindruck, dass so diktiert wird, dass es nachher zur Entscheidung passt. Teilweise ärgert es einen, auch wenn es so in der Zivilprozessordnung steht, *dass einige Gerichte ihre ureigenste Aufgabe, eine Entscheidung zu treffen, dadurch umgehen, dass sie massiv auf einen Vergleich hinwirken. Bei einigen Gerichten könnte man fast schon meinen, es gehe vorrangig darum, eine Erledigtziffer zu bekommen, anstatt Recht zu sprechen und ein Urteil zu schreiben. Damit ist die Geschichte dann vom Tisch. Wie gesagt, das trifft nicht auf alle zu, sondern nur auf wenige – und es ist mein subjektiver Eindruck.*

Abschließend möchte ich noch anmerken, dass meine Sicht der Dinge dadurch geprägt ist, dass bei uns die Fälle landen, die außergerichtlich schon von Haftpflichtversicherern bearbeitet wurden und bei denen eine Haftung bereits abgelehnt wurde. Die leider vorkommenden tragischen und traurigen Fälle, in denen „echte" Arztfehler und nicht etwa „nur" Komplikationen zu massiven Schäden geführt haben, gibt es natürlich auch, sind bei uns allerdings eher selten. Die juristische Unterscheidung zwischen einem Behandlungsfehler und einer Komplikation mag einem Patienten, der mit einem Schaden leben muss, im Ergebnis egal sein. Haftungsrechtlich ist es jedoch von erheblicher Relevanz, da der Gesetzgeber in Deutschland nur bei Fehlern Schadenersatz und Schmerzensgeld vorsieht.

Quellen- und Literaturverzeichnis

von Authenrieth, Ferdinand
Rede über die Bestrafung der Kunstfehler der Ärzte, in: Gerichtlich-medizinische Aufsätze und Gutachten von Johann Heinrich Ferdinand von Authenrieth und Hermann Friedrich Authenrieth, Forensia, 1. Teil, Hrsg.: Authenrieth, Hermann, Ludwig Fues, Tübingen, 1846, S. 549 ff (zit. v. Authenrieth, in: Authenrieth, Gerichtlich-medizinische Aufsätze und Gutachten, S. 549, 557)

AOK-Bundesverband
Presseinformation vom 28.02.2017

Bäumer, Alfred
Die Ärztegesetzgebung Kaiser Friedrich II und ihre geschichtlichen Grundlagen, Noske Verlag, Borna-Leipzig 1911 (zit. Bäumer, Ärztegesetzgebung)

Becker, Günter
Über den Rechtscharakter ärztlicher Pflichten und die zivilrechtliche Verantwortlichkeit bei ihrer Verletzung, Neue Justiz 1974, S. 422 ff (zit. Becker, NJ 1974, S. 422)

Becker, Marius/Zander, Brigitte
Kunstfehler-Debatte: Ärzte-Outing provoziert Kritik, Spiegel online, 29.02.2008 (zit. Becker/Zander, Spiegel online, Ärzte-Outing)

Bundesärztekammer
Pressemitteilung der Bundesärztekammer vom 15.06.2015 (zit. Pressemitteilung der Bundesärztekammer)

Carstensen, Gerd
Arzthaftung, in: Festschrift für Erwin Deutsch zum 70. Geburtstag, Hrsg.: Hans Jürgen Ahrens, Heymann, Köln 1999, S. 505 ff (zit. Carstensen, in: FS Deutsch, S.505)

Engisch, Karl
Ärztlicher Eingriff zu Heilzwecken und Einwilligung, 1939, in: Recht und Medizin, Hrsg.: Albin Eser und Alfred Künschner, Wissenschaftliche Buchgesellschaft, Darmstadt 1990, S. 134 ff (zit. Engisch, in: Eser/Künschner, S. 134)

von Gerlach, Jürgen
Das Arzthaftungsrecht in der Antike, in: Festschrift für Karlmann Geiß zum 65. Geburtstag, Hrsg.: Hans Erich Brandner, Heymann, Köln 2000, S. 389 ff (zit. v. Gerlach, in: FS Geiß, S. 389)

Göbbels, Hans
Die Duldung ärztlicher Eingriffe als Pflicht, Thieme, Stuttgart 1950 (zit. Göbbels, Ärztliche Eingriffe)

Hänlein, Andreas
Möglichkeiten der Weiterentwicklung der zivilrechtlichen Arzthaftung, Arztrecht 2001, S. 315 ff (zit. Hänlein, ArztR 2001, S. 315)

Hampp, Rainer/Zettel, Ortrud
Die Geschichte des Arztberufs, in: Gesundheitsberufe zwischen Ideal und Wirklichkeit, Hrsg.: Deutsche Zentrale für Volksgesundheitspflege, Campus Verlag, Frankfurt 1984, S. 15 ff (zit. Hampp/Zettel, in: Gesundheitsberufe, S. 15)

Heinz, Günter-Wolfgang
Über die Kunstfehlergutachten der Tübinger Medizinischen Fakultät, Tübingen 1978 (zit. Heinz, Kunstfehlergutachten)

Henke, Adolph
Abhandlungen aus dem Gebiete der gerichtlichen Medizin, als Erläuterungen zu dem Lehrbuch der gerichtlichen Medizin, Band IV, 2. Auflage, F. A. Brockhaus, Leipzig 1830 (zit. Henke, Abhandlungen)

Henke, Adolph
Practische Beiträge zu der Lehre von der gerichtlich-medicinischen und rechtlichen Beurtheilung der Kunstfehler der Ärzte und Wundärzte, Zeitschrift für die Staatsarzneikunde 1835, S. 218 ff (zit. Henke, Zeitschrift für die Staatsarzneikunde 1835, S. 218)

Kalisch, Mauritius
Die Kunstfehler der Ärzte, Verlag v. Veit & Co, Leipzig, 1860 (zit. Kalisch, Kunstfehler)

Katzenmeier, Christian
Arzthaftung, Mohr Siebeck, Tübingen 2002 (zit. Katzenmeier, Arzthaftung, S. 232)

Katzenmeier, Christian
Der Behandlungsvertrag – Neuer Vertragstypus im BGB, NJW 2013, S. 817 ff (zit. Katzenmeier, NJW S. 817, 822)

Kehr, Hugo
Ärztliche Kunstfehler und missbräuchliche Heilbehandlung. Eine strafrechtsdogmatische Untersuchung zu Artikel 134 der Carolina, Görich & Weiershäuser, Marburg 1972 (zit. Kehr, Kunstfehler)

Krähe, Johannes
Die Diskussion um den ärztlichen Kunstfehler in der Medizin des 19. Jahrhunderts, Lang, Frankfurt 1984 (zit. Krähe, Kunstfehler)

Laufs, Adolf
Arzt und Recht im Wandel der Zeit, in: Recht und Medizin, Hrsg.: Albin Eser/Alfred Künschner, Wissenschaftliche Buchgesellschaft, Darmstadt 1990, S. 387 ff (zit. Laufs, in: Eser/Künschner, S. 387)

Martis, Rüdiger/Winkhart-Martis, Martina
Arzthaftungsrecht, Fallgruppenkommentar, Verlag Dr. Otto Schmidt, Köln, 2014 (zit. Martis/Winkhart, Arzthaftungsrecht, S.1217 Rdn P6)

Mück, Herbert
Neue Wege im „Arzt- und Gesundheitsrecht" der DDR, Neue Juristische Wochenschrift 1983, S. 1364 ff (zit. Mück, NJW 1983, S. 1364)

Ortloff, Hermann
Gerichtlich-medizinische Fälle und Abhandlungen, Heft III, Strafbare Fahrlässigkeit bei Ausübung der Heilkunst, Siemenroth & Worms, Berlin 1888 (zit. Ortloff, Fahrlässigkeit)

Pelz, Franz Josef
Entwicklungstendenzen des Arzthaftungsrechts, Deutsche Richterzeitung 1998, S. 473 ff (zit. Pelz, DRiZ 1998, S. 473)

Rein, Wilhelm
Das Criminalrecht der Römer von Romulus bis auf Justinianus, Köhler, Leipzig 1844 (zit. Rein, Criminalrecht)

Riegger, Theresa
Dissertation zur Erlangung des Doktorgrades der juristischen Fakultät der Universität Regensburg: Die historische Entwicklung der Arzthaftung, 2007 (zit. Die historische Entwicklung der Arzthaftung)

Rodegra, Heinrich
Gesundheitswesen der Stadt Hamburg im 19. Jahrhundert, Steiner, Wiesbaden 1979 (zit. Rodegra, Gesundheitswesen)

Roehl, Ulrich/Wittenbeck, Siegfried
Zur Begründung ärztlicher Sorgfaltspflichten, Neue Justiz 1972, S. 444 f (zit. Roehl/Wittenbeck, NJ 1972, S. 444)

Schewe, Günter
Risiko und Aufklärungspflicht – Haftungsrechtliche Aspekte, Arztrecht 1979, S. 64 ff (zit. Schewe, ArztR 1979, S. 64)

Schild, Wolfgang
Die Geschichte der Gerichtsbarkeit, Nikol Verlags GmbH, Hamburg, 2002 (zit. Gerichtsbarkeit)

Schmauss, Albert K.
Die rechtlichen Grundlagen für die Bearbeitung von Schadensersatzforderungen der Bürger wegen Körperschäden aus medizinischer Betreuung in der DDR, Versicherungsrecht 1989, S. 664 ff (zit. Schmauss, VersR 1989, S. 664)

Universitätsklinik Bonn
Homepage Universitätsklinik Bonn, Video Institut für Patientensicherheit (zit. Video Institut für Patientensicherheit, Universitätsklinik Bonn)

Wagner, Hans-Joachim
Zur historischen Entwicklung des Begriffs „Ärztlicher Kunstfehler", Zeitschrift für Rechtsmedizin 1981 (86), S. 303 ff (zit. Wagner, ZRechtsmedizin 1981, 303)

Walter, Ute
Geschichte des Anspruchs auf Schmerzensgeld, Schöningh Verlag, Paderborn, 2004 (zit. Walter, Anspruch auf Schmerzensgeld)

Weyers, Hans-Leo
Empfiehlt es sich, im Interesse der Patienten und Ärzte ergänzende Regelungen für das ärztliche Vertrags-(Standes-) und Haftungsrecht einzuführen?, Gutachten zum 52. Deutschen Juristentag, in: Verhandlungen des 52. Deutschen Juristentages, Band I, Gutachten, Hrsg.: Ständige Deputation des Deutschen Juristentages, Beck, München 1978, S. A1 ff (zit. Weyers, Gutachten zum 52. DJT, S. A1)

Abkürzungsverzeichnis

a. a. O.	am angegebenen Ort
Abb.	Abbildung
ArztR	Arztrecht
DJT	Deutscher Juristentag
DRiZ	Deutsche Richterzeitung
FS	Festschrift
JW	Juristische Wochenschrift
NJ	Neue Justiz
NJW	Neue juristische Wochenschrift
Rdn	Randnummer
RG	Reichsgericht
RGZ	Amtliche Sammlung der Entscheidungen des Reichsgerichts in Zivilsachen
VersR	Versicherungsrecht
ZRechtsmedizin	Zeitschrift für Rechtsmedizin

Bilder

Alle Abbildungen wurden http://de.dreamstime.com entnommen.

Danksagung

Ganz herzlichen Dank an meinen Mann, der mich – nach anfänglicher Skepsis – in meinem Vorhaben, ein Buch zu schreiben, bestärkt und mit ehrlicher Kritik unterstützt hat.

Dank auch an meine Interview-Partner, Frau Dr. Beuth, Herr Schneider, Herr Dr. Steiner und Herr Dr. Tacke, die sich trotz voller Terminkalender Zeit genommen haben.

Ich danke ferner Herrn Lemmers für die prompte Auskunft zu den Fallzahlen der Arzthaftungsklagen in der 9. Zivilkammer am Landgericht München.

Herzlichen Dank an die Mitarbeiter des novum Verlages, vor allem an Frau Hase und Frau Krüger, die mich durch unser Projekt begleitet und mit vielen hilfreichen Ratschlägen unterstützt hat, was für mich als Neuling auf dem Gebiet der Schriftstellerei ganz besonders wichtig und beruhigend war.

Bildquellennachweis:
S. 10 o. © Svetlana Pasechnaya | Dreamstime, S. 10 u. © Hel080808 | Dreamstime,
S. 20 © Siloto | Dreamstime, S. 21 © Iurii Kuzo | Dreamstime,
S. 22 © Jacek Wojnarowski | Dreamstime, S. 24 © Jasmina976 | Dreamstime,
S. 26 © Ensuper | Dreamstime, S. 28 © Carla Zagni | Dreamstime,
S. 30 © Aleksandar Kosev | Dreamstime, S. 33 © Skyhawk911 | Dreamstime,
S. 53 © Chanawit | Dreamstime, S. 67 © Monstarrrr | Dreamstime,
S. 70 © Rik Trottier | Dreamstime, S. 72 © Sudok1 | Dreamstime,
S. 76 © Norbert Buchholz | Dreamstime, S. 98 © Menno67 | Dreamstime,
S. 115 © Markusbeck | Dreamstime, S. 122 © Yevheniia Subotovska | Dreamstime,
S. 143 © MrFly | Dreamstime, S. 152 © Andrewgenn | Dreamstime

Die Autorin

Zeit zu haben, um ein Buch über ärztliche Behandlungsfehler und Schadenersatz für geschädigte Patienten schreiben zu können, wünschte sich Dr. Monika Günther-Aschenbrenner schon lange. Die Gelegenheit hierzu kam dann ganz überraschend. Die 1964 geborene Autorin hatte kurze Zeit als Ärztin gearbeitet, als sie sich entschloss, ein Jurastudium draufzusatteln, um anschließend als Rechtsanwältin für Arzthaftungsrecht zu arbeiten. 1999 gründete sie in München unmittelbar nach der Referendarzeit ihre eigene Kanzlei und beschäftigte sich von Anfang an schwerpunktmäßig mit Kunstfehlerfällen, meistens auf Seiten der Patienten und verschiedener Krankenversicherungen. Nach einer ernsthaften Erkrankung Anfang 2015 entschloss sie sich, ihre Kanzlei aufzugeben und fand nun endlich Zeit, das niederzuschreiben, was sie schon lange zum Thema Arzthaftung loswerden wollte.
Die Autorin ist verheiratet und lebt mit ihrer Familie in der Nähe von München.

novum VERLAG FÜR NEUAUTOREN

Der Verlag

*Wer aufhört
besser zu werden,
hat aufgehört
gut zu sein!*

Basierend auf diesem Motto ist es dem novum Verlag ein Anliegen neue Manuskripte aufzuspüren, zu veröffentlichen und deren Autoren langfristig zu fördern. Mittlerweile gilt der 1997 gegründete und mehrfach prämierte Verlag als Spezialist für Neuautoren in Deutschland, Österreich und der Schweiz.

Für jedes neue Manuskript wird innerhalb weniger Wochen eine kostenfreie, unverbindliche Lektorats-Prüfung erstellt.

Weitere Informationen zum Verlag und
seinen Büchern finden Sie im Internet unter:

w w w . n o v u m v e r l a g . c o m